老公被退休了！

從財務管理、夫妻關係、再次就業的迷惘不安
趨向平緩的49種解決方案

오늘,
남편이 퇴직했습니다

朴京玉　林建豪——譯

目錄

目錄

目錄

目錄

附錄……

前言

無法換老公，只能改變自己

這個世界上沒有所謂的新書，關於「退休」的書也同樣如此。在書店中可以看見無數關於退休的書，儘管如此還需要其他關於退休的書嗎？在書出版之前，我一直不斷地在苦思非此書不可的理由。

我認為自己算是很仔細看過市面上出版的退休相關書籍了，九五％以上都是站在男性本人的立場執筆寫成的書，因此大概很難真正了解妻子和其他家人的想法。另外，研究退休的機關所出版的書都是以理論性的內容為主軸，本書則能聽見和退休的丈夫一起生活的妻子的真心話。是關於「被」退休的兩夫妻全心全意試圖改變的過程的相關內容。

之所以會說「被」退休是有理由的，雖然早就預料到老公總有一天會退休，但實際上卻不曾認真思考過這件事，也因為不曾認真思考過，理所當然也就沒有應對之道，束手無策地被退休後，有好一段時間都罹患退休丈夫症候群。丈夫為了家庭辛苦了超過二十年，明明能夠諒解這樣的丈夫，但隨著相處的時間越長，就會覺得越難受和憂鬱。為了擺脱憂鬱且再度就業，於是我便和丈夫努力了一年，在此一過程中也領悟了一件事，那就是五十歲後想要在相同領域再次就業的機率，實際上比中樂透頭獎更困難……

丈夫退休後連續一年都沒有收入，實在不願意面對這樣的現實，面對現實就必須改變是一件令人相當有負擔的事情。我一直想要過著和以前一樣的生活，但兩年後當退休金全都花光後，連退休丈夫症候群都讓人覺得是一件奢侈的事情。首先我們減少了食衣住的開銷，挑選有瑕疵的水果，平常吃的方面也很節省，並且搬到比較小的房子。儘管如此，生活費依舊嚴重不足。

我必須工作，但我能做些什麼工作呢？又該如何去找工作呢？我完全沒有頭緒，因此內心覺得相當鬱悶。就在這個時候，我在首爾50 Plus Center接受了人生第一次的生涯規畫諮詢，諮詢老師根據自己的退休經驗提供了真心的建議説：「您沒辦法換丈夫，因此請先積極尋找太太您想要的工作！」多虧該名諮詢老師的建議，我開始在50 Plus Center「舉辦的課程」進行免費講課，現在則成為一名憤怒調適與《東醫寶鑑》的講師。

當我開始工作後，丈夫也開始改變了，他白天在大學讀書，晚上則在物流中心負責宅配分類的工作，過著「晝讀夜耕」的生活。丈夫退休後每天都在玩樂說：「天國！這是天國！」而現在每天則在有工作的「天國」站著六小時進行汗流浹背的勞動。

夫妻是經濟共同體，唯有一起努力才能撐起家庭，退休後隨著支撐家庭支柱力量的衰退，經濟問題也經常讓人產生摩擦。降低夫妻間摩擦的方法是什麼呢？本書大致上有三項重點，第一是退休後妻子成為家庭的支柱自主行動；第二是退休後人生的寒冬來臨時減少生計規模的方法；第三是五十歲後就算擁有的金錢較少，依然能快樂與健康生活的方法。

退休後卻無法擁有穩定的生活，說不定還會為了尋找穩定的人生而失去方向。老公從大企業的管理人員變成了出賣勞力的粗工，我並不是要所有退休者都去當出賣勞力的粗工，但只要稍微放低標準，一定能看見另一個領域。本書的內容比較像是在記錄尋找可塑性的過程，期望各位讀者能透過本書找到自己專屬的可塑性，筆者也會替各位加油的！

之所以能出版這本書，全都是願意認真聽我說話且給予回饋的貴人們的功勞，只要迫切地提出疑問，宇宙就會向我們伸出援手，我的宇宙就是我身旁的每一個人，由衷地感謝他們。

二〇一九年夏天，朴京玉

退休後，人生的寒冬來臨

第1章

退休如同颱風般席捲而來

退休就和夏天出現的颱風一樣，春天冒出的嫩葉變茂盛時出現的颱風席捲農田與摧殘山脈，颱風橫掃過的地方無一倖免，如果事先預測颱風做好萬全的準備，情況則會比較好一點。但突如其來的颱風往往都是難以預測，大部分的退休者也是在沒有準備的情況下被通知且「被奪走職位」，就如同生長健全的稻子突然被犁至壟溝中一般令人深受打擊。聽說周遭某個朋友退休後臥病在床三個星期，也有人說自己當下如同被鐵鎚敲到後腦勺一般。

我曾在Youtube的《打開話匣子吧TV》接受K導演的專訪，談論老公退休後改變的日常生活，我以退休者妻子的身分毫不掩飾地談論不同以往的生活，訪談結束後周圍出現各種不同的意見，「妳真是坦率！和平常的妳不一樣！妳老公一直都在賺錢耶，妳真是自私！聽起來就像是在談論我們家一樣。」後來退休者與其家人獲得更多的關注。我和K導演之間的緣分並未就此結束，後來我還協助K導演製作退休者的相關影片專案，而且還受邀參加了試映會。當時十名男性坦承說出自己退休後的心情，其中有八〇%以上都認為「退休讓人感到茫然，而且都沒預料到會這麼快就發生，因此根本就沒能做好準備」。

訪談的十個人主要都是白領階級的管理職務，××分店長、××負責人等位於第一線且績效都不錯的時期接獲退休的通知，因為績效都不錯，所以自然就會認為「絕對不會輪到自己」。越是這一類型的人越容易因為接獲通知而受到打擊。

老公退休兩次了，第一次是五十三歲，當時是在大企業擔任職員兩年後離職，而且是臨時職員。隔年若是臨時人員名單上沒有他就等於是光榮退休，我們兩夫妻早預料到該年會退休了，當時老公是分店長，該職位不會受業績好壞影響，兩年後就一定得離開（以前的分店長也是工作一～兩年後就離開）。但就算知道此一事實，也沒有特別的應對方法。

沒有應對方法的結果就是，獲得公司融資強制售出購買的股份，在離開時當然就得使用現金支付，擔任管理職務時無法隨便出售該股票，為了未來著想而將股票留在手上，但兩年後隨著公司解散便成為壁紙。因為是國際級的大企業，根本就沒預料到會倒閉，雖然一度曾出現發生變化的信號，但卻太遲鈍且對於未來的規畫過於懶散。公司倒閉後，擔任管理職務時領到的錢也全都花光了，只剩下曾在大企業擔任管理職務的褪色看板而已。

老公整整玩了三個月，因為不需要早上六點就起床去公司，老公高興地說：「彷彿就像置身於天堂一樣！沒想到世界會如此美好！我努力工作二十七年了，現在可以稍微休息一下了。」當時公司讓老公光榮退休且支付了一年的生活費，根本就沒察覺到即將到來的人生寒冬，因為我一直都過著管理者的妻子、專職主婦的生活，我同樣也未能對接下來的生活制訂計畫（卑劣的藉口）。

該說是不幸中的大幸嗎？老公憑藉以前累積的人脈在五個月後便進入中小企業，他負責一項左右公司未來生計的重要專案。為了與外國公司合作，他努力了一年，但外資公司卻在最後簽約階段時退出，老公在該公司的工作也就消失不見，沒有多久公司便建議他離職。雖然心想稍微休息後再重新找工作，但那終究只是夢想而已，必須再次成為無業者的時期來臨了。

退休者於退休後會經歷好幾個階段，起初會強烈否定且覺得冤枉，隨著時間過去，就會想辦法做些什麼事。老公退休一年時，一度曾想要在往十里六號線大馬路旁一棟不錯的大廈開設辦公室，當時我阻止他說：「算了吧！不行！」退休後有錢和時間，但有人說：「這種時期棉被外面的任何地方都很危險！」也就是離開家裡就會很危險，越是有錢危險的程度就越高。像老公這樣沒有任何構思和目標就想設立辦公室，根本就和堆沙堡沒有兩樣，當沙堡坍塌時只會陷入束手無策的絕望當中。有好一段時間都會經歷令人感到豈有此理的隧道症候群，在此一過程結束後，經濟拮据的寒冬就會來臨。

那麼在退休此一莫大的變化中生存的方法是什麼呢？很抱歉，事實上並沒有特殊的方法。曾擔任副總的六十多歲退休的男性看見「濟州島××飯店客房特價出售」的報紙廣告後說：「每個人都希望能獲得特別的待遇，但卻連剩餘的客房也無法取得，有許多人都想利用社會大眾想要獲得特殊待遇的心理。」

不期待任何特殊待遇的生存方法是什麼呢？那就是韌性！也就是指彎折時不會斷裂，不會因為退休的衝擊而倒下。若是沒有期待就不會倒下，不要依靠任何人！如此一來就能出色地度過第一個階段。

第二個是探索階段，就是一邊探索「我能做些什麼呢？我對什麼事感興趣呢？哪一種領域的學習比較有趣呢？」，同時尋找的時期。雖然時間的長短會因人而異，但大概會花費一～兩年左右的時間，就算沒有工作，一年隨隨便便很快就會過去。若是時間拖得越長，玩樂可能就會變成習慣。另外，由於自尊心也會受創，注意千萬別超過兩年。

第三階段是明白自身的使命，也就是探索自己擅長和感興趣的事，並且開創道路的階段。就和承受得住颱風摧殘的蘋果格外美味可口是一樣的，只要承受得住激浪就能找到各自人生中的真諦。

退休如同颱風般降臨，若是沒有被颱風擊倒且生存下來，秋天就會來臨，秋天是秋收和感恩的季節，同時也是分享自身經驗與一起生存的時期。人生的每個階段都有重要的關鍵時刻，退休颱風會在人生的後半場留下大傷痕，但古老的樹木就算有傷痕也很美麗，因為有傷痕，也就顯得更具深度。

應對退休颱風的Tip

彎折時不會斷裂

尋找自己喜歡與擅長的事物

明白自身的使命且創造自身的道路

告知「老公退休了」的好處

起初我並沒有告訴任何人老公退休的事情，就連我最親密的好友也是在事後一個月左右才知情。有一天早上，我本來想和朋友一起喝咖啡，但因為老公在家，讓我覺得相當不自在，也不能帶朋友回家，後來逼不得已在和朋友一起散步後我便老實交代。因為老公在家，我便省略了咖啡和聊天，並且告訴朋友說我得回家了。

告訴朋友後，不管是去參加聚會或是學習的地方我都會告訴大家「我老公已經退休了」，我還通知了故鄉的母親與兄弟。我跟母親說：「我老公退休了，往後生活費必須減少一點。」而且還向兄弟確認了各自應盡的責任。既然老公退休了，那我現在想和其他兄弟平均分攤二十七年間原本只有我們獨自負擔的母親的生活費，但這個部分真的很難協調，減少金額比增加金額還要痛苦，而且會讓人覺得很吝嗇。

有人說唯有炫耀疾病，周圍的人才會傳授治癒方法，退休也是如此。告知自己退休的事實後才能獲得退休需要的情報，在區公所接受「幸福學習管理者」教育訓練時說自己的老公退休後也獲得了幫助。一起上課的人當中有最近才申請失業補助的人，我透過他取得了申請補助的相關資訊。

老公的退休原因將會取決是否能領到失業補助，於是我們便立刻向老公前公司的人資部確認，果不其然，退休理由對我們相當不利。本來應該是公司投資規模縮小，於是便「強制退休」、「勸退」，但人資的說法卻像是自發性離職。在修改離職理由後，我們便順利申請到失業補助。

退休後夫妻必須先確認一點，那就是「夫妻是經濟共同體」的強烈連帶意識。為了及時確保經濟能力，夫妻兩人需要積極的合作，兩人必須仔細計算領取失業補助的條件、收入的來源和支出。覺得計較很可恥的想法並不能幫上任何忙，必須確認就業輔導課程卡的使用方法，以及失業輔助課程的上課地點。

我相信一定也有人和我老公一樣在不清楚離職理由的情況下就離開了公司，是否有領取失業補助，以及一定程度的收入對家人來說是維生的重要關鍵。

退休前在公司組織內受到系統化的保護，現在圍欄已經不見，來到了充滿荊棘的平野。若是想要生存就必須取得水（金錢），水是在名為退休的環境中能讓我們支撐好一段時間的生命之水，那個生命之水也會因為子女教育費、生活費等基本支出很快就枯竭耗盡。國民年金是否能成為應對方法呢？若是五十歲退休的話，距離領國民年金還需要十年以上的時間。（發給時間會有所變更）投保年金是為了應對年老後的支出，但光憑年金要承擔一切的支出實在太困難了。

先前多虧老公每個月固定的薪水才能享受安逸的日子，我本來希望老公的工作能順遂，不告訴他人老公退休的事實，就這樣一直過著優雅的生活。但一味地忽視現實並不代表就能找到方法，反倒是說出老公退休的事實後獲得了資訊且得以領取失業補助。

承認現況吧！坦白說出已經退休了！退休後有好一段時間都得承受打擊造成的影響！妻子並不需要因為老公退休而畏縮或羞愧，不要畏縮！調整呼吸後再次綁上鞋帶吧！

當情況改變時，妻子可積極找回必須讀書的權利，當然若是退休當事者可做好萬全的準備，那就更好不過了。

老公退休後妻子該做的事Tip

妻子不需要因為老公退休而畏縮

告知退休事實取得資訊

妻子積極研究退休後的應對方法

六個月間的錯覺「應該可以再次就業」

「我並沒有變遲鈍，我是負責人！」老公退休的六個月內就像是虛張聲勢膨脹的氣球一樣，他深信自己能再次就業，事實上讓氣球膨脹的人就是我，所以老公才會自信滿滿地認為自己可以回到以前的職位工作。甚至還產生錯覺認為自己能領到和以前一樣的薪水或是更多的薪水，我也是如此，老公有二十年以上的業務資歷，因此我相信無論如何他都能順利再次就業。

就如同前面談過的一樣，老公在第二個公司待一年後就被勸退了，離職後他很努力寫自我介紹信，因為他有豐富的業務資歷，因此對自己很快就能再次就業深信不疑。

他利用以前的人脈接觸相關業界負責人取得了面試機會，甚至和老闆面試，但最後依舊未能順利就業，他註冊獵頭公司後等了一年也沒有接到任何聯絡。

如果具備優秀的實力，就算是中年也能輕易再次就業不是嗎？有一位朋友長期擔任海外公司負責人，因此英文非常流利，他擁有我們國家最高學府的學歷。他認為：「我可以再次就業，家人目前還需要我的力量！因為子女要成為藝術家，在成名之前需要父母的支撐。」於是他不斷地寄送履歷到自己認為合適的地方，他應徵了國營單位、公司高層職務和總經理職務，資料審查合格後參加了面試，但最終階段卻被淘汰了。

資歷漂亮的人被淘汰的理由是什麼呢？仔細思考後發現其實很簡單，或許我在職場上的資歷很華麗，但同時也該思考一下：「自己在想要轉職的領域中是否有任何貢獻呢？」、「是否曾對該領域較有權勢的人有任何助益呢？」如果具備這一類的條件，那就能獲得禮遇且錄取相關的職務。但若是在國外待得時間較久，相對地在韓國的人脈就會較薄弱。人脈大致上是取決於貢獻度，但一般人都認為光憑自己的資歷就能成功，於是便不斷地投履歷。這就和下棋的人一樣，往往無法看得比旁觀者更遠。

這時應該讓親近的人擔任旁觀者的角色協助自己擺脫狹隘的目光，若是最親近的妻子能告知現實會更好，但通常初期都不會有這種想法。最先燃起的念頭是老公在家讓人覺得很不自在，真希望他快點出門，雖然不敢直接表現出來，但會修飾成希望他能快點找到工作。我們兩夫妻在老公離職六個月內都懷著希望且積極尋找工作，說不定身為妻子的我更希望有公司聯絡我們。基於想要快點讓老公去工作，老公寫履歷時我都會仔細檢查是否有錯字，以及文法是否正確。

轉眼間老公已經失業第二年了，後來老公在東洋學系一年級進修的同時找到了工作，我們在前往區公所的途中經過了就業輔導中心，看見布告欄上在徵翻譯，那是要徵巫師翻譯兼祕書的職位，前往俄羅斯或中亞進行國際神祭時必須一起同行。我試著說服老公說：「你的英文不是很好嗎？你曾在國外擔任主持人吧？而且你正在學東洋學，這個職務非常適合你！」後來老公心不甘情不願地稍微修改了履歷，不過在我暫時外出的時候，老公就將履歷寄出去了。

「年薪你寫多少呢？」

「我寫和以前一樣的年薪。」

天啊，完全沒有考慮到對方的標準，只是一味地依照自己的想法行動！巫師若是想支付翻譯那種程度的薪水，一個月需要進行多少次祭祀呢？沉浸在大企業的思考方式完全不懂得人情世故，這種情況下誰會想要錄取你呢？兩年後，我們兩夫妻終於不得不承認，想要進入另一個領域找工作真的比中樂透頭獎更困難。

期待就業這件事本身並不是只有浪費時間而已，錢還能再賺的錯覺會導致生活開銷無法降低，我們家在老公還持有退休金的時候依然維持一貫的消費方式，但歲月的重擔卻讓我們撐不過兩年。戶頭裡的錢如同氣球洩氣般花光光，原本擔任國外公司負責人的友人因為無法降低生活費而賣了房子。發生大船沉沒的現象了，若是不想讓整個家庭沉沒，唯有搭上小型救生艇划槳才能生存。

若是想要再次就業就得坦率思考，自己對投履歷的領域付出多少貢獻、是否熟悉該領域的人、若是從事該工作是否能承受困境（無論外在或是內在），若是都沒問題就有機會，反之就算錄取也沒辦法撐太久，頂多只能撐六個月左右。我敢斷言絕對沒有任何一份工作可以領到和先前一樣的薪資和相同的待遇，唯有正視眼前的一切才能活在當下。

以前的職場就如同是遙不可及的前世，喚醒前世的夢才能看清楚當下的生活，看清楚眼前的事實才能重新開始。

夫妻必須明白的三項Tip

對於就業的期待導致無法降低開銷

以前的職場是遙不可及的前世

唯有看清楚現實才能重新開始

退休海嘯退潮後

我在去丟廚餘的途中看見了花朵，那是粉紅色圓形的可愛貼梗海棠、黃色的野薑花已經綻放了，啊～春天來了！但我不記得自己近五年是否曾去賞花，外出回家時、前往回收時，在大樓前的花圃看見花朵就讓我覺得心滿意足了。搬到別墅後，家裡附近沒有花朵，周圍有一間像是七〇年代鐵工廠的小型工廠，收集再生金屬送去製鐵廠的貨運站就是我們的鄰居。老公退休前我沒預料到自己會在這種環境下生活，毫無準備的退休讓我們根本就無法預料接下來的生活。

有哪個五十歲出頭的男性會認為退休就是自由且希望這種情況降臨在自己身上呢？或許還是會有例外吧，若是這段期間有利用股票賺錢、買賣不動產，或是有繼承父母的不動產，退休大概就會變得比較輕鬆。但毫無準備的退休就和恐慌狀態差不多，退休者面臨的難題會是什麼呢？背叛感、剝奪感、健康異常、無力感等多種，那麼是否有其他難題呢？

就是認為生活不會和以前有太大差異的想法，其中最強烈的信念就是每個人都認為自己「可以再次就業」。當然這也是不無可能的事，但能獲得和以前相同的待遇和薪水的機會卻是九九％不存在。老公五十三歲從大企業管理階層退休時我們還有餘裕，我們兩夫妻一起去國外旅行八天七夜，五個月後進入中小企業，工作一年六個月後再次離職。

為了再次就業，於是老公便寄履歷給獵頭公司和寫電子郵件給相關企業的老闆，老公在信中非常有自信地寫著：「我可以讓貴公司的利益提升××％以上。」但獵頭公司沒有任何聯絡，因為覺得太鬱悶，我便進入官網瀏覽了一下，後來發現根本沒有任何領域在徵五十歲以上的管理人員，相關公司的既有人員也都不希望其他外部人加入。試著思考一下吧！若是新人表現得太優秀，自己的位子（飯碗）就會不保，有誰會樂見這種情況發生呢？

因為老闆下達指令，於是便嘗試徵人，見面的約定卻一拖再拖。一直到了後來才發現「原來對方根本就不想徵人」，直到離開公司六個月後才終於恍然大悟。

接著是認為透過朋友、熟人的人脈就能再次就業，這也是預料外的失誤，就算朋友是老闆或董事長也不會安排職位給我們，因為朋友大概也是早已失去銳氣的老闆或是即將退休的處境。就算是董事長也不能獨自決定，而且若是自己認識的朋友進入公司要如何毫無顧忌下達指示呢？當我們明白這一點時早已過了一年。退休後一年間幸虧有領取失業補助，而且也有退休金，兩夫妻在開銷方面幾乎沒有發生衝突。

在這樣的過程中妻子會是什麼樣的心情呢？我是全職主婦，就算出社會進行單純的勞動也是最低時薪，老公有一定程度的資歷，出去工作領的薪水一定比我高（這同時也是讓自己能過得舒適的自私想法）。另外，因為老公是長子，所以一直以來都在撫養雙親，所以我認為老公理所當然就該繼續賺錢。我們要等十年後才能領取國民年金，若是坐吃山空該怎麼辦呢？擔憂無法餵飽我們，我和老公一起尋找工作且給予正向的回饋，就業過程不順遂時就一起難過，光憑難過的心情無法化解退休後面臨的問題，現在已經無法過著和以前一樣的生活了，唯有承認「老公退休後就是在家裡的人」才能找到端倪，既然待在家裡就該做家事，起初沒能改掉習慣，只是一味地使喚其他人。一直都待在家裡的妻子和老公待在一起時感受到的不便，老公們通常都無法理解那樣的感受，越是這種時候就越該坦率表達。就算有點過頭也要老實說出心中的想法！不能整天只等著妻子煮飯給自己吃，不管妻子做不做事，這樣的生活很難繼續維持下去。

退休海嘯是能讓妻子跨越丈夫庇護的好機會，五十歲後若是無法擺脫丈夫的庇護，很容易就會因為憂鬱和疾病而承受折磨。妻子就算是犯下錯誤也必須前往外面的世界闖闖看，反正凡人皆會犯錯，這個世界上沒有十全十美的人。鼓起勇氣對世界大聲吶喊吧！說錯話承擔的後果比行為犯錯時來得輕，起初雖然很小聲，但慢慢會產生力量。為了讓言行一致而付出努力後，實力就會慢慢增加，並且成為專家。不要一味地等待丈夫出門，享受累積實力的生活吧！

我認識一名六十五歲左右的女性，她寫書花了二十五年的歲月，這段期間也持續地在教導自己的孩子們，至今她還是在指導學生。她說老公退休後我在Youtube影片中出現的模樣顯得相當陌生。

扣除二年半的育嬰時間，她一直以來都在工作賺錢，在經濟方面沒有依賴自己的丈夫。所以她說擔任全職主婦在不自覺中對男性產生依賴感的我顯得很陌生，她無法理解為何要將家庭經濟重擔推給老公一個人，也無法認同這樣的方式。

她說女性在經濟上必須獨立，經濟獨立後，就算退休海嘯來臨也不會被波及且具備能避難的力量。

我們家曾發生過一次退休海嘯，戶頭裡的積蓄幾乎花光，但也有家庭沒有任何債務且生活過得很愜意。老公退休後，我嘗試去講課且和他人接觸，著手寫文章且取得回饋的意見，後來我收集和認識的人之間的交談內容編著成書，而這也成為了我維生的方式。

退休後不同的地方Tip

毫無準備的退休會讓未來一片茫然

相關公司的人根本就不歡迎你的加入

老公的退休是妻子經濟獨立的好機會

我的內心雜草叢生——週末耕農與退休夫婦1

韓國的植樹節、清明節與寒食節是差不多的時期，清明節是天空明亮且河水最清澈的時候，首爾在這段期間正值賞花時期。我每星期會去兩次的南山筆洞路也開滿了櫻花，當櫻花被風雨吹落後，從那時開始整座山就會變得綠意盎然。早晚雖然有點冷，但白天能感受到春風輕盈的氣息，心情也相當清爽。儘管天氣這麼好，也是會有生氣的時候。

老公退休已經一年了，因為整天都一起待在家，自然而然就會因為瑣碎的小事發生爭執。因為長時間都黏在一起，根本分不清楚是因為自己的事情不順利而生氣，還是因為對方在自己身旁才生氣。不對，根本就不想要講道理，而是變成想要責怪身旁的人。

該怎麼做才能看穿這樣的心情呢？儘管環境改變了，應該會有讓兩夫妻長時間待在一起卻又能降低摩擦的方法吧？

印地安人有這麼一句俗語：「遇到困境時只要看著東方思考就能找到答案。」東方在陰陽五行中象徵春天，是充滿木之氣息的時期。我們兩夫妻從二〇一二年四月開始就在進行週末耕農，老公前公司的福委會有贊助，因此公司負擔一半的費用，我們自己則負擔另一半的費用。起初要簽約一年，可分到五坪的農地，我二十歲前曾跟著父母一起耕農，二〇一一年曾參加五十小時的「都市農夫講座」課程，因此有信心能勝任。

親自耕農後發現，要在五坪的土地上耕農也不容易，在教室透過理論學習的內容和向父母學習的方式非常不一樣。第一年春天，我種了二十株辣椒，但夏天梅雨季節結束時就全都死了，因為我沒有灑農藥，辣椒因為傳染病而死。八月時我種了醃漬泡菜需要的大白菜，因為沒使用農藥，結果蚜蟲和其他蟲類造成大白菜無法順利生長。每天都得仔細檢查大白菜抓蟲才行，但這樣卻會花更多的車資（雖然也有金錢無法計較的部分）。最後大白菜未能順利收成。

我休息了一年，後來位置換到比較能照射到陽光的十坪地，我依照在農夫學校學習的方式，從家裡收集尿液製成了發酵液。我帶著發酵液搭乘地鐵將其灑在種植地瓜與芋頭的農田，我伸出手抓住地瓜，當芋頭冒出來時我覺得相當驚奇與開心。

不過隨著時間慢慢流逝，自從開始週末耕農後，四月到十月的星期天早上我都在農田工作，下午則必須在家裡整理採收的蔬果。週末的時間必須就這樣完全奉獻出去，老公沒工作後，我們家就呈現沒有自用車的狀態，採收農作物搭乘地鐵送回家也讓人覺得很累。再加上每個星期六早上九點到下午六點都必須去坎以堂上人文學的課程，因此週末根本就沒時間休息。

本來認為應該休息一年才行，但老公前公司的福委會卻來電問說：「今年是否要參加假日耕農呢？」老公大概會很傻眼吧（雖然光榮退休了，但卻能參加週末耕農）。

「你一個人可以嗎？」

「我就一個人試試看吧。」

老公獨自一人真的能勝任週末耕農？

老公從小生活在雙手不會沾土的環境下（一直到中學為止都是中產階級），所以就算和我一起參加都市耕農幾年了，他依舊無法正確區分雜草與農作物。

退休後就算時間很多，他也無法獨自待在農場。而且如果週末要耕農，他就得放棄其他樂趣。這是一種必須專注投入的選擇，我們夫妻參加週末耕農那三年的每個星期天都在農場工作，暑假時也會考慮到農場的農作物而安排星期天去農田的行程，秋天時當然也就沒有時間去賞楓。

只要開始耕農，就算忙碌也必須經常抽空去照顧農作物，因為農場和我們家有一段距離，雖然一個星期只去一次，但農田卻持續地在變化。若是無法跟上農田改變的速度，很快就會雜草叢生，並且喊累要放棄。前年分配到我們隔壁農田的人在五月後就不曾出現過了，結果馬唐草、野莧、小藜長得相當茂盛且延伸至我們的農田。我對這樣的情況忍受了一個月左右，後來終於受不了把雜草全部拔光，而且還種植了地瓜。像這樣中途放棄自己做出的選擇，就會造成周圍人的困擾。過去三年我見過許多這樣的情況，因此既然選擇要參加週末耕農一年，那就該把心思都放在農田。

之所以會苦思是否要參加週末耕農還有另外一個因素，若是選擇耕農就沒有時間去爬山，自從停經後身體的循環就變得不太順暢，身體變腫且發胖，明明得運動，但卻無法和週末耕農同時進行，所以才會讓我很煩惱。「老公沒辦法分辨雜草……」讓老公獨自一人去農田就如同是把小孩獨自放在河邊一樣，於是我便帶著菜籃車一起去了。從水西站下車後須步行十分鐘才會抵達農田，夫妻共同進行耕農具備什麼樣的意義呢？該怎麼做才能讓種植的農作物生長順利呢？易經卜卦中的咸代表感，咸就是指感應，感應後就會形成萬物，咸卦的彖辭其解釋如下。

「天地感而萬物化生，聖人感人心而天下和平。」

天空與大地相互感應形成萬物與產生變化，聖人讓世人感動，進而讓世界趨向和平。

就如同天地萬物互相感動創造萬物一般，夫妻彼此的心也要相通才能順利培育週末農場的農作物，不過，五十多歲的夫妻就算長時間在一起相處也無法輕易變成和聖人一樣。怎麼可能變成和聖人一樣呢？看見對方就會心跳加速、看見喜歡的櫻花就會躲在花堆中嬉鬧的年紀早就已經過了，可以說就是生產工廠早已關門的時期吧？

一起參加週末農場的過程中，彼此互不相讓且意見分歧的情況相當多，夫妻之間未能化解的衝突讓我們在耕農的同時也發生爭吵，儘管如此依舊堅持耕農的理由是什麼呢？因為我很期待親手摘下新鮮番茄擦拭後品嚐的那一刻，使用一起流汗栽培的蔬菜製成的沙拉搭配一杯啤酒，以及親自挖馬鈴薯或地瓜時的觸感！有些農作物雖然栽培失敗，但這一類的話題也能成為延續夫妻關係的要素。

讀書也是一樣，在坎以堂有一門課程是「Band寫作」，那是由幾名成員在一個學期內共同完成一篇散文的作業，同時也是一年課程中非完成不可的部分。起初我根本就不知道「Band寫作」的重要性，只是一味地質疑：「難道不能獨自完成嗎？非得在一起進行嗎？」創作散文時要彙整一個人的想法就已經不是件容易的事了，真的能夠由好幾個人共同完成嗎？

不過若是一起創作的話，能以更客觀的角度審視自己，還能學會合作寫文章的方式。雖然偶爾會抱怨說：「唉～沒有想像中容易耶，」但我也因此學會和其他成員互相配合寫文章。同時也明白了共同創作的困難之處和樂趣，之後彼此間可能會變親近，但也可能會變得更疏遠！

週末耕農亦是如此，和在農田認識的人一起學習農作物相關的知識，原先只是想著要讓番茄長高而已，後來經由旁人的協助學會了摘心和支撐骨架，透過聊天交流也對農作物有更進一步的了解。

（唉，當然也有發生衝突的鄰居）坎以堂和週末農場的四年讓我明白從關係中成長的道理，就如同農夫配合時期播種，根據周圍的建議讓農作物生長得更好一樣，培育自我的學習也會在關係中擴展。

在退休的夫妻關係，以及讀書學習的關係中要如何達到協調呢？所謂的協調在工作或讀書中並不會以五〇：五〇的比例精準分配，偶爾要對其中一邊付出更多的心力，儘管出現分歧也要互相配合。老公在清明節的前一個星期獨自前往農田整地、翻土和施肥，一個星期後，我們則一起去老公整頓好的農地播種與種植幼苗。

我在拔除壟溝間的雜草時也試著檢視自己最近容易生氣的原因，當下我也發現了自己不樂於見到老公失去工作的心態。同時也明白自己以前的固執，以自我為中心對待老公的態度。五十多歲退休的老公已經進入人生週期的秋季，而我則一廂情願希望他飛黃騰達的夏季能延續下去，也因為這樣，只要遇到不順遂的事就會怪罪老公。

周易中提到「只要妥善應對變化的情況，就能不斷地精進」。老公離開職場造就情況的改變，說不定老公依照自己的方式非常適應這樣的變化，二十七年間承受的重擔正逐漸減少，他嘗試獨自接觸陌生的週末農場，現在該是我改變的時刻了，我必須翻地重新耕耘我心中的荒廢之地。播種的農田在清明節後長出了農作物，但同時也長出了雜草。我的心田中以「我」為中心的想法如同雜草般不斷冒出，我認為就和週末耕農為了讓農作物順利生長就必須拔除雜草一樣，我們也該時時整頓心中的雜草不是嗎？

退休後放鬆的期間Tip

就算無法賺錢，時而還是需要放鬆的時間
退休後依照自己的方式適應變化
夫妻不會互相責怪對方

為了種植一棵番茄——週末耕農與退休夫婦2

五月下旬是二十四節氣中的小滿，小滿就如同其字面上的意思一樣，意指夏氣上升。農村冬天時種的小麥、大麥、稻穗於五月強烈的陽光下成熟，它同時也是農夫採收洋蔥與大蒜的季節。此一時期週末農場的農田會是什麼樣的景色呢？三月底購買種植的碗豆苗因為四月寒害而死了。但東風菜、水芹、蒲公英和韭菜就算沒有播種，依然長出了新芽。

兩個月前播種的萵苣、茼蒿數量多到可分給鄰居，白蘿蔔和芥菜則多到能用來醃漬泡菜，五月的週末農場就像這樣具備採收葉菜類蔬菜的樂趣。另外，番茄、茄子、辣椒、南瓜也生長得相當順利。不過這一類的蔬菜若是想要獲得豐碩的採收該怎麼培育呢？

為了自立於立春時開始的進修是五月小滿節氣時，該檢驗哪一部分才能讓果實順利生長呢？

農田並不會因為播種和種植幼苗而變肥沃，若是抱持「應該會自然生長吧」的想法而放任不管，最後終將無法順利採收。由於農田的狀況每天都會改變，因此要時時給予照顧，三月播種的農作物於五月時就該正式進行間苗。退休第一年時，週末農場主要是由老公在負責照料，剛開始時依照約定由他自己種植和培育，兩個星期會去觀察一次農作物的狀況。這段期間老公還種植甘草、生薑、當歸、明日葉的幼苗，一直到去年為止連鋤頭都不會使用的人產生了莫大的變化（為了紀念老公退休，我送了他一把鋤頭）。最近老公一個星期會採收一次葉菜類，利用那些蔬菜製作健康且讓餐桌充滿綠意的家常飯。

不過五月的週末一起去確認蔬菜的生長狀況時發現，其實需要修整的部分相當多，老公還是一名不純熟的農夫，因此不懂得該如何間苗。利用種子培育的蔬菜順利生長，新芽利用互相依靠的力量生長，當然就算放任不管也能採收食用。不過這只是短暫的，生長到某種程度時就該保持間隔，然後果敢地拔出擁擠的幼苗種植至適當的區域。若是不進行此一步驟，幼苗就不會變結實和變粗壯，而且會倒下且容易生病。

另外，從小滿節氣開始，雜草就會正式和農作物一起生長，這些雜草一定要立刻處理才行，夏天梅雨開始後雜草就會以完全無法掌控的速度生長，若是一開始放任不管且想要日後再清除的話，屆時就算縮緊括約肌且使盡喝奶的力氣大概也很難能拔除乾淨。反而會有一種雜草想要把我們拉進泥土裡的感覺，若是雜草覆蓋住蔬菜的話，甚至會讓我們失去拔除的慾望。

那今年推動的事情或進修目前進入何種狀態了呢？五月是年初計畫的許多事如同新芽般生長，但後來意志卻越來越薄弱的時期，它同時也是內心鬆懈的時期。當我認為進修的內容稍微比較上手時就出現了想要玩樂的念頭，天氣晴朗時就會想去登山或是去海邊，五月的天氣不冷也不熱，有什麼不能做的呢？運動會與同學會也都在呼喚著我！無數的雜念與想要認真讀書的意志不斷地在心中糾結。

就算我絞盡腦汁也無法解決的雜念、結論顯而易見的雜念、敷衍打發時間時響起的雜念，以及質疑「這本厚重的書我真能全部看完嗎」的雜念如同雜草般和想要讀書的新芽一起生長。若是五月時我不果斷地拔除這些內心的雜草，十二月時我就會深感空虛且後悔說：「結果我一整年都一事無成，我做了什麼呢？」因此若是出現毫無意義的想法就該立即清除！

若是只留下栽培的農作物且拔除雜草就等於是完成一個階段，那麼下一個階段的任務是什麼呢？就是摘心！若是不摘除頂芽，就會附著大量多餘的東西，我們的農田中種有兩棵番茄樹，幼苗是向隔壁農田的大嬸購買的。這次去週末農田時，大嬸專程來檢查我們的番茄樹生長的是否順利，她一走過來就折斷番茄樹的小樹枝。

「番茄只要留下兩支大枝幹，其他的小樹枝都要繼續修剪，這樣才會變粗。」

對了，雖然我早就知道這件事，但因為還不熟練，所以就忘記了。隔壁農田的大嬸邊說邊幫我們修剪樹枝，雖然我們已經在週末農場耕田四年了，但在她眼中卻還是很生疏的農夫。當然就算不修剪樹枝，都會長出可食用的番茄。但我們知道的部分和不懂的部分相差甚遠，番茄的品質、纖細度與味道都不一樣。

像這樣在也適合讀書的時期修剪樹枝的過程也很重要，若是不修剪樹枝，果實就會比較小。雖然可以稍微裝懂一下，但卻無法順利長出名為理論思考的果實。從接近老公退休時期開始我便開始到處學習各種知識，老公退休的第一年雖然我有看過區公所的期刊，但終究還是強忍住了。日常生活中若是不修剪旁枝末節，讀書會變得很吃力，特別是寫作。為了創作而掌握整個架構，若是為了學習某個東西而將忙碌合理化且當作藉口，最後終將無法順利完成創作。若是想要寫作，斬斷一切雜念，雙眼注視電腦且雙手和鍵盤一起玩吧！

好，若是農作物已經間苗且剪除旁枝末節了，下一個階段是什麼呢？長高的農作物就該設立支撐架防止被颱風吹倒，下一個節氣芒種過後就會經常出現陣風和降雨。長出果實的農作物若是不設置支撐架，樹枝就會被折斷且倒下。順利生長的農作物突然被颱風吹倒就會無法再次復原，為了讓農作物順利生長，每個階段都必須多費心思。天、地、人全都在培植農作物，但人類能做的就是付出自己的真誠。試著使用易經的山雷頤卦算一下培育農作物的任務吧！

山雷頤：貞吉，觀頤，自求口實。

—頤卦象徵「頤養、養生」。占得頤卦，占問者持守正固可獲得吉利，觀看事物的頤養現象，應該明白要用正當的方式謀求口中的食物。

象：頤，貞吉，養正則吉也。觀頤，觀其所養也。自求口實，觀其自養也。

—頤卦所說的貞吉，是指以正道養生就可以獲得吉利。觀頤是說觀察他如何養人；自求口實是說他如何養活自己。

頤的第一個意思是下巴，必須有下巴才能進食，進食就是一種在培育身體的活動。該怎麼做才能正常培育身體呢？正常培育的養正其意思會不會是仔細觀察一切的過程，全心全意付出誠意的意思呢？

開始一件事時就無法省略過程，想要採收結實的番茄就必須經歷每一個過程。首先要準備適合番茄的肥料，購買健壯的幼苗，拔除周圍的雜草、修剪旁枝且建立支撐架。結合這一連串的過程後，最終就能獲得美味的番茄。那麼讀書時所指的「養正」是什麼呢？

讀書時若是發現較深奧的漢字，此時就會先翻閱漢字辭典，當然也可能因為尋找不懂的詞彙而覺得浪費時間。但是他人完成與朋友告知的內容卻無法成為我們實力的一部分，天底下沒有白吃的午餐，毫無意義與枯燥乏味的過程匯集在一起就會變成一個結果。培育自我就是要經歷所有的過程，若是可以培育自我，那也就能培育其他存在。

老公退休後說要獨自進行週末農場，但卻還是新手剛起步的階段，還必須學習間苗、修剪旁枝和架設支撐架的方法，紀念老公退休送的鋤頭的把手還很光滑亮麗，新手農夫的手已經長水泡了，不過看見老公能參加週末農場，心情真的很愉快，另一方面也讓人產生了希望。彷彿著手進行任何事都能成功，春天時雖然受到寒害侵襲，但經由老公誠心誠意的照料後，農作物目前生長得相當順利。小滿天氣變熱之際，老公培育的葉菜類最美味了！

等待，如同退休新手培育的週末農場的農作物一樣！-Tip

對某件事負責任

經歷各個過程

接觸未知的領域，成功後便會產生希望

像孩子、雜草、動物一樣生存

服務於外商公司的A在退休的那天就立刻前往一個地方，他去了什麼地方呢？會是去人生願望清單中夢寐以求的海外旅行嗎？不，他在退休的第一天離開家，前往首爾市政府瀏覽為了退休者準備的手冊，他在手冊上發現了深感興趣的內容，於是便前往永登浦50 Plus Center確認詳細資訊。因為時間相當充裕，於是他便步行穿越元曉大橋，他走在元曉大橋上時想了什麼事情呢？

步行穿越元曉大橋並不困難，因為他早已習慣了，他還在上班時每天都從光化門步行回到位於城北區的家。所以比起待在家裡，外出會讓他的內心感到更舒適。

雖然很想走路到某個地方，但卻無處可去，不過離開家裡後就有地方去了。他在出門的同時思考：「假設重新回到二十歲吧！若是回到二十歲，任何事都能重新開始！」於是他便嘗試步行穿越元曉大橋，過橋來到三江站附近後，他看見專門為了退休者50 Plus Center。進入中心後他便瀏覽課程內容，有趣的課程相當多，於是他便先申請了兩門課程，後來他開始每天都來50 Plus Center。

這一類的人大概只占了退休者的十萬分之一，可以說是相當罕見，幾乎很少人會在退休第一天就決定接下來的計畫。無論是離開自己所屬的地方尋找新的職業或是進修，離開至今所待的巢穴後就會感到陌生，陌生會讓內心趨向緊張，自信感變差後，就算不是賺錢的事也會變成難以推開門進入。起初因為不太適應，所以有好一段時間都只待在家裡，不過沒有任何一件事從一開始就會純熟、平穩與得心應手。

新的挑戰也會伴隨恐懼，所以剛接觸某件事時不需要刻意去問：「我對這件事有信心嗎？」隨著時間過去恐懼感就會變弱，同時也會更具自信，仔細想想我們從來不曾停留在同一個地方，單純只是因為長時間待在同一個空間，讓人產生那個地方很熟悉與舒適的感覺而已。

退休是脫離熟悉的空間，「以不同的方式生活」的強烈刺激，是對新的刺激產生反應的信號。

我想透過不同的生活方式建議各位「和小孩一樣玩樂，和雜草一樣頑強求生，然後和動物一樣死去」。首先是開心玩樂的方法，試著回想三歲孩童玩樂的情景吧！孩童還沒有任何職業，也沒有任何學歷，而且也不清楚擅長的事物，不過卻很擅長玩耍，到底孩童是憑什麼可以玩得如此開心呢？那就是好奇心與小小的滿足！雖然我們經常會對某人說「不要像小孩一樣幼稚」之類的話，但若是退休後像個小孩一樣幼稚地看待整個世界呢？所有地方都會變成令人好奇的對象，想要做的事和好奇的事物也會很多，若是忘記過去的自己，就算是小事也會感到滿足。如果和小孩一樣玩得很開心且因為小事就覺得滿足，甚至會有變年輕的感覺！效果真的很棒。

第二，和雜草一樣頑強求生。雜草的種子無論飛去何處皆能生存，絕對不會抱怨環境惡劣，依舊能綻放漂亮的花朵。各位是否曾見過柏油路上生長的蒲公英呢？蒲公英不會責怪環境，會綻放花朵讓種子隨風傳播。而且雜草不管在哪都具備強大的適應力與韌性，不需要農藥或肥料，如果我們也效仿雜草的生存方式，或許就能塑造不需藥物或打針的健康體魄吧？

第三，和動物一樣死去。動物界沒有醫生，生病時只能靜靜地讓身體休息和等待傷口痊癒，隨著時間過去就會透過免疫力慢慢恢復。若是無法恢復，氣力就會變衰弱，進而導致食慾變差，在有限的生命結束時自然地死去，我希望自己的人生也和這一類的動物一樣畫下句點。我想要一輩子都在職工作而死，或是短暫休息時死去，和老人家說的一樣在睡夢中死去也不錯。

如果平常就有退休後想做的事，最好能製作人生願望清單，但盡情嘗試想做的事情後呢？若是之後還得活四十年、五十年呢？退休是我們日常生活的一部分，並不是特殊活動，就像退休隔天就前往50 Plus Center的A在那邊學習其他專長和指導他人。

老公退休一年後，經由我的勸說後便去50 Plus Center和學校，但他並不像A那樣，而是上午自己在50 Plus Center讀書，下午則去打工。他和小孩一樣喜歡學習新的資訊，他已經忘記過去三十年擔任管理職務的自己，如同雜草般已經適應了不曾嘗試過的勞動打工。而且現在他還會看Youtube防彈少年團的影片，但他依舊是《動物王國》的忠實觀眾。

經常看過該節目後，我便會思考自己的人生應該能和動物一樣畫下句點吧。

模仿Tip

和小孩一樣玩樂
和雜草一樣健康生存
然後和動物一樣自然死去

該如何對待退休的老公呢？

第2章

老公退休後妳也會撫摸他的頭髮嗎？

「老公退休後妳也會撫摸他的頭髮嗎？」

「……」

「會吧。」

沒有立刻回答，因為沒信心，所以語氣顯得不夠堅定。

當時我在區公所進行《幸福學習管理者》的課程，總共有十個人上課，其中有兩名六十多歲的男性，兩個人一組討論和互相提出疑問。

「老公退休，每當吃飽時就會躺在沙發休息，而且他都一定會躺在我的膝蓋上，他說躺在老婆的膝蓋上就會有休息的感覺，只要我撫摸他的頭髮，就能消除他一整天累積的疲勞感。」

當我炫耀般談論我們夫妻間的行為時，一名曾擔任校長的六十多歲男性反問了我這個問題，這個問題讓我嚇了一跳，老公退休後我依然能繼續撫摸他的頭髮嗎？

老公還在上班時，只要一回到家我都會摸他的頭髮，但老公退休六個月至今我卻很少摸他的頭。因為在我撫摸他頭髮的這段時間，我的雙腳都無法動彈，也沒辦法做其他事情。老實說，老公退休前是使用他賺的錢養活全家，因此我才會順從他的意願。

我問過其他一起讀書的五十多歲的女性，老公在沙發上休息時，會讓老公躺在膝蓋上且撫摸他的頭髮嗎？大家都搖頭表示不會，就算老公很會賺錢也不太可能那樣做。

「是因為老師要維持夫妻間的良好關係吧。」

「呼，我們兩夫妻光是四目相交就覺得尷尬。」

還有人盯著我看說最近哪有女人會那樣做呢？當然我們夫妻之間的關係並不差，所以關係有可能因為退休而變差嗎？仔細想想老公退休後真的有改變，首先，現在我無法悠哉坐在沙發上休息，因為每天都要忙著準備三餐、讀書和上課。

老公依舊覺得我撫摸他的頭髮時是最幸福的時刻，就連現在我坐在沙發上休息時，他也會躺在我的腿上。這種時候我就只能暫時挪出時間撫摸他的頭髮，畢竟就算是退休了，也需要閒暇時間冷卻一下頭腦。

退休後，夫妻之間的關係也會因為彼此將膝蓋給對方當作枕頭的小動作而變得不一樣，退休後待在家裡的老公對老婆生活上感受到的不便相當遲鈍，完全沒察覺到妻子有可能因為自己而感到不便的事實。各位人妻們，承認老公不可能會在短時間改變的事實吧！變化需要時間。相反地，老公要反省一下自己的習慣會造成配偶不便的事實。從現在起是正式共處的夫妻生活，雖然不是新婚，但若是想讓共處的時間維持美好的狀態該怎麼做才好呢？

首先，不要過度反應，要採取柔和的態度應對。

以我們家的情況來說，我無法用刻薄的態度拒絕老公。回答說：「下次我會再幫你！」然後悄悄地脫身，這也是無可奈何的事不是嗎？老公在家是無法改變的事實。老公如果去上班，整個家就是我的王國，但畢竟這個王國是一起建立的，若是具備公正的思考方式，理所當然就該共享。有必要將視線提升一個階段，就算不如新婚一樣火熱，最好別讓家裡的氣氛變冷。

輕柔地撫摸老公的頭髮，讓老公變成我的人，成為我的人之後，日後老公任何事都會願意幫忙。

妻子對待退休老公的態度Tip

退休老公的習慣不會在短時間內改變

不要反應過度，溫柔地安撫老公

讓老公成為自己的人，讓他變成日後任何事都願意幫忙

進行虛擬高爾夫的老公在想些什麼呢？

老公換上舒適的衣服且穿上運動鞋後就出門了，大概是收到KakaoTalk的信息，應該是老公的朋友在呼喚他。

「喂，來比一場吧！待在家做什麼呢？」

「好呀，那就在退溪路三街見吧！」

相信交談內容大概是這樣吧。

前往退溪路不需要搭乘計程車，步行就能抵達了，或許是體恤沒有汽車的老公，所以老公經常和朋友們約在那邊碰面。虛擬高爾夫球場是成人的遊樂區，因為會顯示分數，是一種適合打賭的遊戲，輸者要請吃炸醬麵，是一個非常適合五十多歲男性們玩樂的地方。

但如果是退休後的話，老婆的感官就會有所不同，老婆的想法大概如下：

「為何偏偏是虛擬高爾夫呢？現在那些朋友都還有工作，都是有在賺錢才會把虛擬高爾夫當作樂趣，但你的情況不一樣吧？你這樣三不五時和朋友約出去玩樂，何時才要找工作呢？」

我一直很想說出這些話，但後來還是使用了較委婉的方式，但卻完全沒有效果。本人沒能認清自己該改變的事實，如果在一旁說三道四只會造成爭執。

這種時候只能暫時休息等待，老公退休後在家遊手好閒，而每天看著這種情景的妻子則必須培養耐性與修身養性。

「這段時間已經努力當米蟲了，要不要稍微休息一下？還真是無情！」

若是老公那樣說的話，我也無言以對，畢竟我希望老公一直賺錢回來，讓我得以維持那段時期安逸的自私想法也是不爭的事實。一年後我問老公為何要去虛擬高爾夫球場。

「當時之所以會打高爾夫球，是因為就業後會派上用場，為了不忘記手感。」

雖然想要再次就業而投資時間與金錢在虛擬高爾夫，但事實上根本就和中樂透頭獎一樣困難，最後還是一場空。只看到老公三不五時去虛擬高爾夫球場的一面而恨得牙癢癢，一年後問老公才知道，原來這一切都是有原因的。但如果一定時間內沒有固定的收入，當經過一段時間後，內心就會變急躁，對方的行動就會變得很礙眼。退休的男性大致上一開始都會期待周圍的人能伸出援手，基於認為朋友可以幫忙尋找再次就業的機會，於是便一起去虛擬高爾夫球場。為了了解近期的動向，也會和前公司的同事一起喝酒，以及請業界相關友人吃飯。

沒有人比本人更加迫切想要找到工作，就算是認識的人也沒辦法提供工作機會，連妻子都不清楚老公去虛擬高爾夫球場的理由。就算表現出來，妻子若是內心沒有餘裕就會發生爭吵。退休後的夫妻關係，以及每天都待在一起的日常生活就像是霧茫茫的道路一樣，有好一段時間必須在伸手不見五指的地方尋找路線。在這條道路上喜歡登山或是虛擬高爾夫都是很正常的情況，當喜歡上某件事時，須沉浸當中達到專家的水準才能看見未來，當然必須做好要投入金錢與時間的覺悟，以及評估現實層面的可行性。

退休後的現象Tip

有一段時間會經常和朋友一起外出

對周圍的人有所期待

沒有人的心情比退休者本人更加迫切

真希望老公能去寺廟生活

「老公在家時完全不動手。」
「每天都待在家裡，我快喘不過氣了。」
「這種生活要到什麼時候呢？真令人鬱悶。」
「真希望我老公能去寺廟生活。」

這些都是五十多歲女性們訴苦的內容，傾聽訴苦的師父教授在研究所冥想課程中的回覆如下：

「如果是家裡不需要的人，我們寺廟也不需要那樣的人。」

頓時整個教室哄堂大笑，原來除了我以外，也有人想要把老公送去寺廟生活！真是太意外了。

老公準備再次就業經過一年後，連同我也開始感到疲憊了，腦海中不禁浮現這樣的想法，真希望老公能去其他地方，不要待在和我相同的空間。但老公就算回老家也只是睡一晚就回來了，我也想稍微休息一下，該怎麼做才能在不花任何錢的情況下讓夫妻兩人暫時分開呢？我開始陷入苦思。

試著尋找方法吧！老公是因為待在家很舒適才沒有外出，週末就算外出也是和我一起去爬山，絕對不會獨自一人前往陌生的地方旅行。該怎麼做才能改變這令人鬱悶的狀態呢？我也不敢對老公說：「老公你要不要離開家裡外出一下呢？」因為老公聽見這種話可能會很難過。

於是我便婉轉地給予刺激說：「聽說海南有可以修行十五天的地方……」不知道老公是聽懂其中的意思卻不願意去，還是不懂，他沒有做出任何反應。那乾脆我離開家裡算了！就算離開家裡也沒辦法不花半毛錢旅行，而且還需要能免費吃住的地方，不過有那種地方嗎？

我突然想到老公退休後我們曾去過三次的京畿道寺廟，那邊似乎需要相當多的人手，而且那邊有專門提供僧人飯食與準備寺廟活動的人。當時雖然我沒能學會寺廟食物，只要在那邊工作大概就能學會吧（日後說不定會派上用場，因此我利用四個月的時間學了寺廟食物）。不管怎麼說我可是具備韓食料理資格證不是嗎？

我在網路上搜尋了「寺廟煮飯廚師」，那是要能長期工作的正職，主要只會徵一名人員，有資歷會比較好，但就算沒有也無妨，年紀要六十五歲以下，月薪則是韓幣一百五十萬左右。但若是以廚師的身分工作就會提供個人房間、浴室、電視和網路。我心想：「這不是我夢寐以求的工作嗎？非常適合我。」因為太開心了，於是我便繼續深入研究，有人說不能隨隨便便去應徵這一類的工作。

必須先確認那間寺廟是否經常徵人，如果經常登廣告徵人，那就表示在那邊工作的人都待不久，所以進去時必須慎重觀察周遭環境。真是糟糕，我完全沒考慮到這一點。

我試著使用其他關鍵字搜尋，那可以兩夫妻一起去寺廟工作嗎？畢竟有提供吃住，就算沒有退休金也能生活不是嗎？老公擔任寺務所（寺廟辦公室）的職員，我則擔任廚師，不僅能工作也能賺錢，真的很棒。雖然在一個地方工作，但卻是各自負責不同的職務，應該會是不錯的選擇，可以說是一石二鳥，實際上有好幾個地方都在徵人，但我卻都沒有打電話詢問，我無法鼓起勇氣，只是一味地心想當情況緊急時有什麼事辦不到呢？

我仔細思考了一下，離開家後我真的能生存嗎？若是因為退休的老公讓自己感到內心煎熬而離開家裡，去其他地方就能過得安心嗎？不可能！那能說服老公去寺廟嗎？答案也是否定的。不管用多麼委婉的方式勸說老公，但我自己都不願意了，這種做法就和強迫沒有兩樣。

後來我又搜尋了好幾次，但卻沒有付諸行動，後來仔細想想那樣的想法真的很愚蠢和自私，我完全沒有試著去考慮老公離開公司後是否會感到痛苦，只是一昧地忽視老公且希望他離開家裡，我只把焦點放在自己的不便之處。法頂禪師以無所有精神聞名，禪師在《走吧，看清楚了》中說了這麼一段話。

「面對他人的苦痛，我深信只有兩種態度是正確的，那就是沉默與陪伴。注意千萬別企圖給對方任何忠告，也千萬別滔滔不絕地向對方說教。藉由充滿憐憫與擔憂的肢體動作默默地祈禱，以及藉由和他們共同承受苦痛，讓他們感受我們的陪伴，我們必須抱持謹慎與慎重的態度，而這就是慈悲。」

老公離開公司一年後變成了一個沒有耐心、慈悲心的自私鬼，或許有人會覺得很可笑且認為說：「老公只不過是離職一年而已竟然就有這樣的想法！老公辛辛苦苦賺錢二十七年，真是忘恩負義！竭盡所能想要和老公保持距離的人才惡劣吧。」我認同這番話，也沒有打算要找藉口，但正向的想法與理論往往都和現實不一樣，夫妻在一起的時間越長，就會讓人鬱悶到快要發瘋。

研究所冥想課程的僧人說的那番話讓我相當訝異，「竟然有人和我有一樣的想法！原來不是只有我這樣！有人表達出那樣的想法！」一股微妙的安心感讓我忍不住笑了出來，一方面覺得好笑，另一方面也覺得很悲哀。

我認為僧人的意思大概是：「妻子們不會為了讓老公有所領悟而將他送去寺廟，而是希望彼此能有暫時分開且有各自做事的時間，絕對不希望對方是整天什麼都不做且一味地要求被服侍。」

無論理由為何，任何人都有悠閒沒事做的時候，這種時候就該能自己洗碗、自己整理，任何地方都是如此，包含自己的家。只要像這樣懂得自己清理周遭環境，自然而然就會成為被需要的人不是嗎？

面對痛苦時給予陪伴Tip

他人痛苦時給予陪伴

不要嘗試想要給對方忠告

慎重地等待

認同且顛覆後就能看見另一條路

我離開家了，三月的最後一個週末在外面玩了兩天一夜，這全都歸功於研究所舉辦了春季郊遊，我終於有理由能離開家裡了（又不是有需要照顧的小孩）。星期天晚上回家的途中，我便在苦思：「晚餐要吃什麼呢？還沒洗的衣服該怎麼辦呢？」老公離開公司已經四年了，對於家事不懂的部分多過懂的部分，相反地，我對於賺錢這件事也還不熟悉。但現在彼此都該釋懷了，所以我想到的戰略是「認同現狀」和「顛覆常識」。

認同與顛覆乍看下似乎很矛盾，但兩者的共同點就是為了過更好的生活所需要的必殺技，首先就是認同對方的努力。

當對方做了某件事，我們要予以認同，離開兩天一夜的家會變成何種面貌呢？回到家後我就先走向洗衣機，老公自信滿滿且炫耀般地說：「衣服早就洗好了。」

「好吧，就算和老婆的方式不一樣，只要有做就好了。」我並沒有問老公他是怎麼洗衣服的，就算沒洗乾淨也要給予認同。晚餐則是兒子使用外送App點了糖醋肉，兩件大事都解決了，太棒了。

第二個就是承認彼此是互相依靠的關係，因為老公在外面賺錢，我們才能安全地待在家裡。我沒有淋雨吹風在外做生意的經驗，也不曾負責家庭經濟撫養任何人，有人說女性做家事很辛苦且會因為情緒勞動而疲憊，但開始賺錢後發現，工作比做家事更令人緊張且會讓身體變差，全身畏縮且肩膀緊繃疼痛，這段期間老公讓我過了好日子，我承認這一切都是老公的功勞。

老公離開公司前曾因為錢是自己賺的，所以在沒經過商量的情況下做了某個決定，最後也只是告知我而已。當然這和錢有關，這件事發生在我們結婚第三年的時候，他沒有和我商量就幫同事當保證人，幾年後那個人還錢且對我們說：「終於能睡得安穩了！課長請我吃飯吧。」當時我才知道有這麼一件事。

夫妻吵架主要都是單方面擅自決定某件事而引起的，結婚後應該承認妻子是和自己同等的且需互相商量，為了努力償還公寓的貸款，我平常都非常節省，在沒有經過商量的情況下做出這種事，有種自己被當作透明人看待的感覺。頓時懊悔自己這麼拚命到底是為了什麼呢？連存在都不被獲得認同，一股空虛感頓時湧上心頭。隨著時間過去，我也不得不承認「原來老公賺的錢並不是全部都屬於我們家的」，我們發生爭執的情況變少了，離開職場後的老公有九〇%左右都會和妻子商量。

第三，承認年老後的不安。雖然我們夢想自由且悠閒的老年生活，但卻一直會出現新的不安。老公升上副常務時，當時我心想：「我們要過沒有債務的生活，還清貸款過安定的生活吧！想出國旅行時絕對不要因為錢而煩惱！」並且開始規畫老年後的生活，所以二〇一三年時我們兩個曾一起研究商討，在發現經濟景氣衰退後，我們決定要出售重建的公寓，並且付諸行動。過於渴望安定的結果是什麼呢？我們不會在意公寓的時價了，那已經成為一道無法跨越的障礙，老公離開職場至今已經第五年了，不管遇到何種情況我都不會感到訝異。為了以健康為優先，我們兩個每天都會練習，不安的心情如影隨形，但那又能怎麼樣呢？不要過度包裝不安，承認不安與我們共存。

現在試著顛覆想法吧！試著顛覆SNS常看見的那些話，有人說：「老婆若是燉湯，老公就該緊張！」試著以不同的角度來解釋這番話吧。老婆如果燉湯就該快點煮麵條，然後把一包放冷凍保存留到下次再吃就行了，不需要太過擔心。妻子燉湯時不該感到不安，要不要傳授一下燉湯比較多時的運用方法呢？老公可以趁這個機會去報名「中年男子的料理教室」學習多元化的料理方法，這樣家人會更開心吧？

顛覆思考的第二個例子，有人說：「搬家時要叫老公先搭搬運貨車！」倘若這如同玩笑般的一句話是出自真心的，那就不需刻意和這樣的家人一起生活。結婚後我們總共搬了十四次的家，但老公就算沒搭乘搬運貨車也平安回到了家（只要告知地址和密碼就會立刻回來）。不要在通訊軟體KakaoTalk、BAND、FB轉傳令人不開心的貼文給朋友，我們要搞清楚這一類的內容有多麼諷刺且無趣。

另一方面，假設一心只認為「我很努力生活，我為了家人犧牲」，那就快點拋開那樣的想法。沒有人會為了他人而努力生活或付出任何犧牲，你是否有自信說自己並不是為了得到某種獎勵呢？如果自己能忠實於那件事與角色，這樣就足夠了，對子女也是如此。如果有「我對你付出了那麼多耶……」之類的想法，那就會變成投資的概念，老實說這句話不就是我在你身上付出了心血，現在我希望你回報我的意思嗎？任何人都無法抱持犧牲的想法做事，無論是稱讚還是認同，因為有獎勵且有利於自己，所以才會付出行動。如果做人踏實的話，只要獲得這一類的認同就滿足了。如果因為認為「我」犧牲了自己，但周遭的人卻沒能理解這樣的事實而感到難過的話，那現在就該捨棄「犧牲」，並且虛心接受「該是時候走自己的路」的信號了。

結束兩天一夜的郊遊回家時，我並沒有「真希望在家的老公能洗好衣服」之類的想法，毛巾和運動背心必須熱水清洗，沖洗鍵次數要手動操作，因為必須以最合適的狀態清洗才行。老公並不清楚只有我知道的複雜洗衣法，要不要每次操作洗衣機時讓他在旁邊看呢？或者是就算隨便洗也要讓他能放心呢？這是一種幸福的煩惱。

退休後只要認同彼此的現狀就能減少夫妻之間的摩擦，只要顛覆原本根深蒂固的觀念就能看見另一條路，現在退休的夫妻必須站在同等的立場重新開始。責怪另一方或認為自己更辛苦的想法則是絆腳石，試著成為彼此的墊腳石吧。

降低夫妻摩擦的認同Tip

認同彼此都很努力

認同年老後的不安

犧牲是因為對自己有利或有無形的獎勵才進行的

整理老公在玄關的鞋子

早上起來後發現玄關的鞋子都排列的相當整齊，兒子的皮鞋、我的鞋子、拖鞋全都一雙雙整齊排好，並不是我整理的，應該也不是兒子，難道是生活的女王田螺新娘來了嗎？那個田螺新娘就是老公，老公下班時把鞋子整齊排好，背著七公斤重的背包整理鞋子，打完招呼後我便開始準備晚餐，老公是從何時開始整理玄關鞋子的呢？

就是從學習室內風水後開始，老公有選修東洋學系玄空風水的課程。玄空風水的玄是指寂靜、奧妙：空是指空間，也就是能舒適休息的空間；風水則是風和水，風和水必須順暢地流動。因此，玄空風水是一門學習人類的狀況會隨著居住環境、風水而不同，在室內該如何生活才會舒適的學問。那麼將鞋子排列整齊也是學習的一種嗎？

一般談到讀書，我們都會想到坐在書桌前準備各種考試，沒錯，這也算是一種讀書。只要讀幾個小時，屁股就會蠢蠢欲動且想要去玩樂，但唯有忍住才能考上理想的學校和找到理想的工作。沒辦法坐在書桌前讀書的人就得早一點出社會磨練。

不過，退休後的讀書和考試、就業、餬口所需要的讀書不一樣，是一門讓身心產生變化的功夫。近來已經進入一百歲的時代，為了取得更豐碩的效益而讀書的例子相當多。老公的前公司同事退休後只花四個月就在公認仲介公司考試中合格，因此線上繳交的學費都得以退回。真的很厲害！聽說他比高三準備考試時更認真，但問題就在於仲介現場遇到的情況和考試完全是兩回事。退休後的讀書最重要的是能讓身體趨向健康且讓精神趨向成熟，此時言語和行動若是不一致，就會成為他人的笑柄或完全無法信賴的對象。

說話與行動一致的知行合一，簡單來說難以實踐。有一天我發現老公的KakaoTalk狀態寫著知行合一，這是非常適合讓總是信口開河的人受辱的，我覺得相當訝異，老公是真的想要知行合一嗎？或者只是因為這個詞彙看起來很帥氣才使用的呢？我覺得很納悶，另一方面也很擔心他被朋友挖苦。

「老公，你的KakaoTalk狀態寫著知行合一，你真的辦得到嗎？若是沒辦法辦到，可能會被其他人嘲笑。」我用含蓄又強烈的方式告訴老公如果沒有要身體力行就改變狀態消息，當時老公並沒有回答這個問題，彷彿就像是在說時間到了自然就會知道。

韓文的讀書和中文的「功夫」（Kung Fu）發音相似，因此會讓人聯想到李小龍擅長的功夫。老公是李小龍的粉絲，李小龍是他的偶像，翻開老公二十多歲時拍的舊照，當時他沒穿上衣，而且手上拿著李小龍常使用的雙截棍，他說當時是因為覺得李小龍很帥才會模仿他。因為李小龍年輕時就過世了，所以無法展現中壯年的模範，但老公心中是否還留有那份精神呢？

老公離開公司後便自己在修行，讀書是身體與精神上的鍛鍊與實現，也就是知行合一。他還在工作時只靠一張嘴指揮家事的習慣已經改很多了，吃完早餐後他便立刻去洗碗，然後就去讀書。晚上回家時會把鞋子擺整齊，換成是以前的話，他大概早就發脾氣說：「妳連鞋子都不整理，妳到底在做什麼？」現在老公已經不再嘮叨了，而是用行動去實踐，行動派的老公看起來真的魅力十足！

老公說：「想讓好的氣流入家中，人與空間都須做好準備，這同時也是為了讓風和水能不受到阻礙，讓思緒更加順暢！」而他自己也在實踐課程上所學到的資訊。

退休後的讀書Tip

讀書會讓身心產生變化
說話和行動一致時會顯得深具魅力
若是想讓好的氣息流進來，就必須做好準備

退休男性的穿搭時尚由妻子決定

有好一段時間大家都在討論「小確幸」這個關鍵字，它的意思是微小而確實的幸福，當我知道它的意思後便產生了共鳴，同時決定自己也要那樣生活。我決定要減少開銷，讓生活的支出降到最低程度。老公的內衣抽屜總共有五件白色運動背心，四件尺寸100的背心不管怎麼洗都呈現黃色的狀態，最後一件新的背心尺寸則是95，老公穿著當中唯一的新背心走出來（我明明將新的背心藏在舊背心底下）。

新內衣有緊縮感且穿起來很舒適，今年我還幫老公買了幾件尺寸95的內褲，為了紀念他瘦八公斤，我毫不猶豫就把變鬆的100號扔掉了。做為成功瘦身的獎勵，就好好享受這小小的幸福吧！新內衣偶爾會看心情買，但外衣則沒辦法經常購買，話雖如此老公也不會自己去買衣服，他的穿著打扮都由我來主導。就如同一般父母替自己小孩挑選衣服時都會先觀察同年紀的小孩，因為身邊有個退休的老公，我自然而然就會去觀察其他退休男性的穿著。

退休的男性當中有八〇%以上都是連續好幾年都穿差不多的衣服，畢竟不需要繫領帶在緊張的氣氛當中協商或展現威嚴，穿著打扮自然而然就會變隨便。妻子們從燙襯衫的勞動中獲得了解脫，也不需要再把西裝送去洗衣店，內心也和不再筆挺的衣服一樣放鬆了。對於老公穿什麼衣服，以及在他人眼前是什麼模樣完全不在意，就像是沒有整修的老舊房子一樣。

三年前，我曾在50 Plus Center接受人生規畫諮詢，透過諮詢找到自己想從事的工作，於是我便申請擔任講師。我在和退休的男性們一起接受講師教育訓練的同時，也開始近距離看見了男性，因為每個人都要自我介紹，所以便能知道其他人以前從事的行業。有一位剛退休沒多久的男性長得很俊俏，身材也很高大，看起來相當帥氣，不過一起聚餐時，我發現了他的皮鞋充滿皺褶，讓我頓時覺得很難過。

老公離開公司在家當無業遊民的兩年都待在家，但也會出去學習其他東西，外出時都會問我該穿什麼衣服和鞋子，每當這種時候我都不是太在意，不過看見在受訓時遇見的業務先生後，我頓時驚覺不能繼續袖手旁觀。

在公司上班時穿的西裝太不方便了，所以不要穿，說不定會有需要穿的時候，因此就一直擺在衣櫃（再次穿西裝上班的機率是一％，如果真的要穿西裝去上班，我一定會準備新的西裝！）。平常的穿搭都是休閒風，這種組合過了二～三年後就會變成老舊時尚。

老公買了兩件牛仔褲，我本來想盡可能都不讓他穿牛仔褲，因為總覺得只要讓他穿上牛仔褲，大概就無法再回到職場。不過老公的身體卻改變了，在進行肉體勞動的同時，體重也減輕了八公斤。在購買牛仔褲之前，老公一直都是穿西裝褲，但卻一點都不實用，上午讀書時很適合，但在下午肉體勞動的場所卻要換裝。起初他都把工作服放在背包，後來大概是因為嫌麻煩，就算西裝褲不方便也沒換工作服，至少牛仔褲工作時很方便。

退休後穿牛仔褲會顯得更狼狽嗎？會不會是我還無法打破成見呢？如果在意他人的眼光，大概連小小的幸福都會離我們而遠去。看見老公穿著新背心後，我便故意挖苦他說：「真是喜新厭舊！」老公則露出尷尬的笑容說：「我哪有？」（既然老公那麼開心，那要不要乾脆趁這個機會買可保護重要部位且不會充滿濕氣的平角內褲給他呢）

衣服會呈現退休男性目前的狀況，穿著打扮則會依照妻子對丈夫的關注度而有所不同，也有少數男性會對自身的穿著打扮費心思。我非常仔細觀察在50 Plus Center常見的退休男性們的衣服或鞋子，常穿的衣服會定型為在他人眼前的形象，看見其他退休男性的穿著打扮後，腦海中浮現了一個想法：「我會不會把減少生活開銷換來小確幸生活當作藉口而疏忽了老公的穿著呢？」

退休男性的衣服Tip

要穿合身的衣服

不要對舊衣有所眷戀

老公的外貌會呈現妻子的關注度

互相惹惱對方的時刻

退休初期的自由時間很多，所以顯得相當興奮，於是便去了期待已久的海外旅行，有好一段時間都把旅遊照片炫耀般地上傳至KakaoTalk。退休是日常生活的一部分，退休後就會一直想要節省開銷，老公離開公司後，我們幾乎一整年每到週末都會去爬山，退休夫妻該怎麼利用週末生活會比較好呢？

那一年我們每到星期六就會去北漢山步道、峨嵯山、牛眠山、冠岳山、獨立門附近的安山等搭乘地鐵就能抵達的山，下山時喝一碗血腸湯搭配一杯小米酒，不僅不會花太多錢，而且還能填飽肚子。更重要的是可以不用在家煮飯，我覺得很開心。如星期天會去教會般，我們則是星期天去農田，連續四年則以都市農夫的身分耕田，我們邊觀察茄子與辣椒的生長狀態邊一起耕作。

自從老公報名圓光數位大學後就漸漸遠離了山和農田，也沒時間去登山和耕田，星期六都在家聽線上課程或去50 Plus Center讀書。星期天則在附近的圖書館聽哲學和歷史學的課程，雖然聽課沒辦法填飽肚子養活自己，不過就像吃補品一樣加減聽。不過圖書館的課程只有週末沒事時才能參加。

這個星期六我悠哉地八點才起床開始做家事，洗完衣服後邊看報紙邊喝咖啡，很快就過了中午十二點。課程是一點開始，於是便匆匆忙忙前往圖書館，教室的八十個座位在上課十分鐘前就坐滿了，這個星期的《人類是什麼呢？》當中談到了康德主張的真善美，課程內容固然吸引人，但我也很好奇五十歲以上的人為何會前來聽課，我對哲學課時教室坐滿人的現象充滿疑問。

我試著問隔壁一名六十五歲的女性：「為何您會來聽哲學課呢？」對方則反問我說：「妳不覺得哲學很有趣嗎？我在終生教育院或其他地方也都只聽哲學課。」該名女性原本是一名國小老師，退休後都把時間用來讀書，讀書是最節儉的方法。「就是因為有這一類的人存在，主修哲學的年輕學者才有機會講課吧！」腦海中頓時浮現一個點子：「課程中學到的知識應該能運用在我的課程中吧，」因為今天聽課者提出的疑問很多，所以下課時間延後了三十分鐘，雖然很可惜，但我沒全程聽完就離開教室了。

我去買上課要穿的衣服，我比一年前瘦了五公斤。當我挑了兩個小時左右時，老公打電話來問：「晚餐要吃什麼？」這是老公想外食的信號，已經到了晚餐時間嗎？試穿衣服時完全沒注意到時間。一整天因為忙著家事、哲學課，頓時才發現自己原來連午餐都沒吃，一股疲倦感頓時湧入。

購物時一心只專注於自己的身材，明明累到快要無法動彈了，卻依舊有力氣逛賣場。只要全心全意專注於自己，身體就能忘記疲倦，這個星期六的逛街購物比哲學課有趣多了。再加上服飾店的店員說：「大姊妳的身材很苗條，所以穿什麼衣服都好看！」於是我又多買了一件褲子，購物是能讓人忘卻現實的強大魔法。

買完褲子後我便去買了蔬菜，回到家後我躺在沙發十分鐘左右，老公則提議說要去外面吃飯。雖然我不想再外出，但畢竟沒準備晚餐，只能配合老公的意見。我們去吃烤鯖魚，然後喝了一點燒酒，星期六我們沒有去爬山，也沒有任何活動，但服下一顆營養品且睡一覺後就能解除疲勞了。

朋友B的老公已經退休一年了，B因為和老公在一起的時間太長而深感痛苦，朋友說和老公每天待在一起的兩年宛如就像是置身於一片漆黑的隧道當中，通過看不見未來且令人茫然的隧道。離開這座隧道的方法就是夫妻彼此都不能責怪對方，退休後若是夫妻總是把過錯推卸給對方，那就難以找到解決之道，朋友非常氣憤，她說老公脫口而出的一句話如同尖錐般刺痛了她的心。

不經意說出的一句話和沉寂已久的火山突然爆發沒兩樣，朋友認為老公是在攻擊自己，夫妻在一起相處的時間很長，但卻很少用溝通來化解內心的糾結，當累積一定程度的不滿情緒後，就會在某一瞬間突然爆發。當火山爆發時，周圍的生物都會喪命，但是有辦法能生存下去，那就是三十六計走為上策。當對方讓自己生氣時就閃遠一點吧，如果想要繼續在一起生活就避開吧，若是認為黃昏離婚也無所謂，那就試著大吵一架做個了結吧。

週末時兩夫妻不要待在一起，最好能分開活動，讓兩個人能暫時存在於不同的時空（千萬別超越時空呦）。在吸引各自的空間中利用時間，如果能暫時分開，內心就會變得更有餘裕。當時光流逝後，火山灰就會變成肥沃的沃土，分開玩樂的時光結束後，一起喝杯酒且互相安撫一下對方。

（不管是在棉被裡或棉被外都可以，請自行決定^^）這個時候就把心中想說的話全都說出來，就算不刻意說話也無妨，身體上的接觸也是不錯的方法，肌膚之親會安撫彼此，身體上的親密接觸是日常生活中維持夫妻關係的天然良藥！

和配偶融洽相處的方法Tip

對配偶生氣時，暫時先避開吧

在不同的時空中分開玩樂吧

透過親密接觸安撫彼此

退休夫妻就和溫突房一樣溫暖的相處

早上睜開眼睛看見睡在床上的人、準備一杯咖啡且問你是否要來一杯咖啡的人、找你一起去看早場電影的人、晚上十二點回來也會幫你準備飯菜的人，這些都是只有熱血的夫妻才會出現的畫面嗎？退休後也能像這樣融洽相處不是嗎？

關係良好並不是彼此在空間或物理上緊緊密合在一起，若是太緊密反而無法換氣導致腐爛。關係良好是外部空氣能順暢流入的距離，也就代表彼此之間維持適當的距離。一年前有一項針對五十歲至五十九歲的夫妻進行的問卷調查，有五七％的男性和六七％的女性表示需要自己的時間，夫妻之間的關係無論有多好都必須考慮這一點，若是想要讓夫妻關係變好，最好能像製作基本醬料一樣添加下列三種因素：

—互不干涉且依照想要的方式生活

—培養共同的興趣

—夫妻之間也需要有屬於自己的時間

依照想要的方式生活並不代表就能將穿過的衣服亂扔，把發出臭味的襪子丟在地上，有人必須打掃家裡和洗衣服，如果有自己想做的事，理所當然在進行之前就該考慮到做家事者的感受。互不干涉且依照自身意願做事的自由要由本人創造，「該洗的衣物就該放進洗衣籃，用過的物品要物歸原處」，只要能遵守這樣的原則就能節省下一階段的時間。彼此都不需干涉對方，如此一來就能維持良好的關係，家事減少後就能有喝杯咖啡的閒暇時間，拜託所有的東西都記得要放回原位！

「培養共同的興趣」並非強制事項，而是建議事項。如果兩人的興趣不一樣，具備多元性也不錯，但卻無法了解對方的興趣領域。五十多歲男性A的興趣是拍照，每當一起去旅行時都會忙著拍照和拍影片，但妻子卻興致缺缺，當妻子煮好飯叫他回來時，他通常就像是晚歸的小孩一樣令人覺得很不舒服。

我還是全職家庭主婦時喜歡去圖書館借書，老公退休後徬徨不知所措時我曾對老公說：「要不要一起去圖書館？午餐我請客。」（圖書館販賣部的午餐比其他地方更便宜

^^）

一起去圖書館後，老公先看高羽榮的《漫畫三國志》（老公從小就喜歡看漫畫），當時我才發現老公看書時非常仔細，特別是物理學的書，看見他閱讀《現代物理學與東洋思想》後，我便建議他去進修東洋學。所幸老公很感興趣且持續地在研讀相關知識，因為我自己也在讀東洋學，相同的興趣也成為我們交談的話題。

夫妻有相同的興趣固然是好事，但一定需要有自己的時間。四十、五十歲男性的夢想就是擁有數於自己的辦公室，原本隸屬公司組織的上班族退休後回家無論身處何處都會很彆扭，整天坐在客廳沙發也會有壓力，話雖如此要成為熱情夜晚的主人也顯得缺乏活力，所以需要自己專屬的洞穴，但理想與現實往往都是有差異的。

朋友M說自己向丈夫宣言說要卒婚，她把主臥室讓給丈夫一個人使用，丈夫下班後回到家就待在主臥室看電視。該名朋友最近找到了一間小辦公室，白天她都會待在辦公室享受自由，專屬的空間賦予了她一種解脫感。現在是不會邀請朋友回家的時代，如果有自己專屬的空間就算邀請朋友來也沒關係，和朋友徹夜聊天也不會受到配偶干涉。在我心目中老公六十歲生日的首選禮物是小型辦公室或商住兩用房，只要想像能送老公那樣的大禮就覺得很興奮，當然我也想另外準備自己的辦公室。

夫妻溫馨相處就和待在溫突房一樣，無論多麼喜歡溫突房，待一整天終究會覺得厭倦。而且溫突房的溫度若是太高就會感到鬱悶，話雖如此，如果獨自一個人睡就會缺乏人的溫暖。並不是只有新婚夫妻才能保持良好的關係，從生物學來看，新婚夫妻如同火一般的熱情（肉體上的吸引）頂多維持三年不是嗎？

退休後是夫妻應該好好相處的時期，就像有人說主角通常都會比較晚出現一樣，我認為退休後才是真正展開夫妻生活的開端吧？丈夫離開職場回到家後的夫妻關係更重要不是嗎？如同溫突房一般將溫度調到適當溫暖的時期就是在退休之後！只要遵守前面的三項原則，相信就能維持不變的生活，生活品質也會提升。

提升生活品質的另一個決定性關鍵就是回到家的丈夫們！各位是否有把發出臭味的襪子放入洗衣桶呢？如果能試著動手洗衣服會更棒。

退休夫妻融洽相處Tip

夫妻正式該好好相處的時期

維持適當的溫暖

最好能有自己專屬的空間

清晨時躺在枕邊交談是健康夫妻的基礎

《東醫寶鑑》中提到：「我的身體就是宇宙」，如果我的身體是宇宙，那宇宙到底是什麼意思呢？西洋所說的宇宙是Universe、Cosmos，大致上是指地球以外的空間、太陽系、銀河系，身處於同一個宇宙就代表共處於相同的時空間。退休夫妻是各自不同的宇宙，我屬於一個宇宙，配偶也是一個宇宙，相異的宇宙碰撞在一起就會引起爆炸，若是想保持適當的距離共存該怎麼辦呢？

雖然這是理所當然的一番話，但退休後的生活和退休前會有一百八十度的轉變，在改變的日常生活中你會有何種想法與行動呢？許多部分都取決於自己的選擇和行動，不過卻很少人提出疑問說：「退休夫妻融洽相處的方法是什麼呢？」許多人都認為「只要依照以前的模式生活就行了」。也因此無法化解糾紛和預防困境，直到和珍貴的家人疏遠或發生意外後才懊悔感到惋惜。為了事先做好預防措施，我們應該以周圍的例子做為前車之鑑，事先了解建立健康夫妻關係的方法。

六十歲出頭的男性C於黃昏離婚後回顧自己的過往且後悔說：「為何我會離婚呢？我的決定太草率了。」C先生說：「我已經努力賺錢到六十歲了，當然就該由妻子煮飯給我吃，待在家裡時妻子一直嘮叨個不停，她認為我很勤勞參加社會活動，對家裡的事卻漠不關心。」因此發生了衝突。

六十五歲左右的N先生雖然和妻子一起生活，但很少有交集，彼此也很少交談。偶爾說一句話就很容易發生衝突，妻子忙著照顧孫子，N先生則整天沉迷在玩智慧型手機。該如何才能讓兩人在不發生衝突的情況下融洽相處呢？他感到相當煩惱。

另一名男性M先生當了二十年的週末夫妻，退休回到家後，與妻子之間沒有共同點、也沒有能一起做的事情，因此讓他覺得相當難過。M先生年老後想和妻子一起去國外旅行，但妻子或許是因為兩人在一起的時間太少，所以並不想和丈夫一起去旅行。最後夢想變得和退休前不一樣，只有他獨自一人去旅行。

退休的夫妻每天都會見面，（當然也有被當作透明人看待且完全不把對方放在眼中的夫妻）只要沒有分開旅行或分開生活，基本上每天都會見面，每天都要見面的夫妻就該好好相處生活才會有樂趣。退休夫妻關係的重要程度無論強調多少次都不為過，是否有能讓兩夫妻好好相處的具體方法呢？我建議使用夫妻四則演算法，也就是「先除再加，減後再乘」。

了解對方後分攤工作，Y先生連續三十五年都在大企業的分公司擔任技術職務，退休後才終於能回家生活，妻子D小姐則開了一間補習班，從四十多歲便開始靠自己準備退休金。Y先生退休後會打掃家裡、洗碗、洗衣服、煮飯菜，以及打掃補習班。妻子則專注於指導學生的工作，她負責湯和泡菜，時間到了就會親自製作或訂購宅配。妻子D小姐建議說如果年老後要讓經濟有餘裕就該準備退休金，年老後誰會每個月都按時提供五十萬韓幣的生活費呢？唯一的選擇就是退休金。

老公退休後夫妻就是同伴，妻子D小姐對這一點感受更是強烈，當了二十年的週末夫妻了，老公退休後一個星期則有七天要一起生活。老公在做家事的同時也終於明白「妻子獨自生活賺錢是多麼辛苦的一件事」，他明白家事並不是幫忙的概念，而是要以自己當作主人積極進行。

D小姐說：「不要害怕退休！只要往前走就能發現路，就算害怕也要往新的道路前進！我們到死之前都該讀書，以學生的身分生活吧！」Y先生退休後便去居民自治中心報名桌球班、社區登山班，因此在附近認識了朋友。丈夫的諒解對於妻子有相當大的幫助，空閒時間他也很認真在讀人文學、哲學，並且努力參加社會義工的活動。

以我們家來說，老公退休後明白了我的情況，還曾對我們彼此都認識的人說：「沒想到我老婆的生活會這麼忙碌。」老公退休後有兩年的時間都呈現搖擺不定的狀態，當時我心想「那些根本就是毫無意義的行動」，但卻沒有阻止他，取而代之的是我建議他讀書。老公依照我的推薦學習周易，自然而然就融入了國立圖書館、正讀圖書館、甘草耕農等妻子的領域當中。那是兩人活動領域交疊的時期，現在則再次進入了獨立時期。老公白天九點~三點讀書，下午則去打工，一天二十四小時都運用的相當充實。只要理解對方就能減少彼此的摩擦，並且尊重彼此的生活。

一有空閒就該多加安撫對方！《我的愛，別渡過那條河》電影中有超過九旬的夫妻扔擲落葉開玩笑的畫面，劇中的兩夫妻即使過了九旬也很肉麻，難過時則會在廚房生柴火撫摸對方的手，我們兩夫妻並沒有那麼肉麻。但老公小時候很喜歡媽媽溫柔地撫摸自己，因為媽媽太忙了，而且還要照顧剛出生的弟弟，因此他很懷念媽媽那溫柔的雙手。或許是因為這樣，老公下班回家後會想要我撫摸他的頭髮和臉，老公退休後彼此變得很忙碌，但我下意識地會努力去滿足他這樣的需求。

身體上的親密接觸是健康生活所必備的條件，如果夫妻之間的房事（Sex）多少有些困難，與其尋找威而鋼等能對性事有幫助的物品，互相撫摸對方會更好。支出的費用遠遠低於購買藥物的費用與醫療費，身體上親密的接觸是培養免疫力的好方法，不僅能減少孤單感，同時也是最佳的預防醫學。而且做愛不僅能提升免疫力，對於腰痛和頭痛也有顯著的鎮定效果，也是一項很好的心臟運動，也能提升自尊心。可快速地解讀對方的情緒，就算無法做愛也無妨，當對方感到孤單、內心受創、悲傷時試著撫摸對方吧！這是最棒的安慰，可以讓人重新振作起來。

特別是男性與女性不同，妻子只要用言語就能獲得慰藉，並且認為「就算我犯錯和遇到困境，我也依舊是不錯的人」。但男性們則必須有肢體上的接觸，一堆知名的男性為何會犯下令人難以理解的性侵行為呢？原因就在於他們對於愛的原始慾望，我並不是想要袒護他們，他們在家得不到慰藉，為了向他人尋求慰藉，最後才會導致闖禍犯下錯誤。只要能撫摸老公，就能防止瞬間失去工作（因為me too事件）風暴造成災難（若是不須擔心失去工作，就要為了節省醫療費著想^^）。

在外面的身體親密接觸就如同一次用ＯＫ繃一樣只是暫時性的，時間過了很快就會被孤單侵襲，只要針對為何要化解「孤單」這個問題深入思考，孤單就會與自己的存在無法獲得認同連結在一起，和「我是沒用的人，所以沒有人會喜歡我！沒有人願意陪伴在我身旁」之類的不被認同感連結。一般人都難以忍受這樣的情緒，擺脫此一情緒的好方法就是夫妻互相安撫對方。

《我的愛，別渡過那條河》中出現的肉麻老夫妻是特殊的情況，或許有人會問：「現在這種年代會有那樣的夫妻嗎？」那麼為何這部電影會有這麼多觀眾呢？

聽說朋友十多歲的女兒看這部電影時流下了淚水，我們看見兩位老夫妻的生活後為何會流下淚水呢？會不會就是我們身體渴望那樣的體貼與身體上親密接觸的證據呢？

夫妻之間若是難以溝通，那就試著在枕邊交談吧！隨著年紀增長，漸漸地平常清晨就會醒來，這種時候不要一直翻來翻去，試著躺在棉被裡交談吧。那是一段最適合專心的時間，從床上爬起來後就忙著看智慧型手機或是忙家事，起床後根本就無法順利交談。所以清晨時是最好的交談時間，清晨五點半醒來時在床上和老公談論昨天發生的各種事情、兩個兒子的事情，以及現在在進行的事情，最好能談論三十分鐘以上。

老公沒有太大的反應，也沒有任何評論，又能怎麼辦呢？對老公來說距離起床時間還太早，而且那是還想要舒服躺在床上的時間。這個時段的老公還無法理智做出任何評論，為什麼呢？畢竟還處於半夢半醒且睡眼惺忪的狀態。只會簡單回答：「嗯～嗯嗯～」

在這個時段妻子說的話全都會答應，（說出認為老公都會答應的所有要求吧）因為一〇〇%都是由我主導的時間，在情緒上可獲得相當程度的滿足。這個清晨溝通的方法是向我父母學的，我父母這一輩子都在耕農，爸爸過了五十歲後兩人就分房睡，爸爸睡在客房，早上會到主臥室和媽媽談論當天在農田該做哪些事情，以及是否要播種或除草。

交談內容也包括了孩子和鄰居的事情，或許是因為看見這樣的場景，讓我也很喜歡清晨時在枕邊的交談方式（因為都是我單方面說話，說是交談似乎有點牽強^^）。

情緒於獲得一百倍共鳴時會更加巨大，當內心獲得某人理解時，就會對他人產生感謝之心與好感，特別是有能說出悲傷、孤單、苦痛之心情的對象時能獲得慰藉。

夫妻都希望配偶能成為那樣的人，不過許多人都未能獲得配偶的安慰，起初會毫不猶豫地傾訴心事，但漸漸地會變成不願意開口，彼此之間的祕密也會變多。因為傾訴心事反而遭受指責且變得更痛苦的情況相當多，如果能添加「原來如此，真有道理」之類的慣用語會更具效果，只要努力傾聽對方說話，對方也會明白自己的努力，這樣就能形成良性的循環。

任何人在自己感受的情緒被壓縮時都會感到憤怒，這是因為感覺到自己的內心完全未能獲得認同的關係，因為某個事件而難過時若是未能獲得諒解，就會因為內心無法獲得他人諒解而更加憤怒。內心獲得諒解時難過的程度就會減少，夫妻之間的關係就會變親近。

退休夫妻若是想要融洽相處，就該尊重各自的領域、多一點身體上的親密接觸，以及對情感產生共鳴且不要壓縮情感，而且承認彼此的人格同等是很重要的。

另外，最好雙方的經濟都盡可能獨立，退休的男性若是沒有錢就很難請朋友吃一頓飯，皮夾要有人情味一點，若是經常讓朋友請客就會導致失去自信。

所以要找一輩子都在職的工作，賺取和朋友一起吃飯的錢很重要，一個月若是賺二十萬，不是比一億利息來得更好嗎？我在搭乘首爾市區地鐵時看見了一些六十五歲以上的男性提著花籃和名牌背包，那是銀髮族宅配！他們積極運用每天免費的地鐵費賺取幾萬韓幣的收入，上下樓梯不僅能運動，同時也能賺錢，可說是一石二鳥。他們的行動看起來充滿活力。

人生就是各自的宇宙，西洋科學說不清楚宇宙的中心在何處，東洋學則說我們的身體就是一個小宇宙，若是不清楚中心的位置，就要承認各自是一個宇宙和主體。

夫妻四則演算Tip

多一點身體上的親密接觸

清晨的枕邊交談

以一百倍的程度對另一半的情感產生共鳴

不要壓縮對方的情緒

要照顧自己，家庭才能延續

第3章

如果有一%的可能性就該嘗試

我申請女性人力研發中心「老人生涯規畫社」的公費課程，有二十個名額，但總共有六十人申請。面試時面試官問我是否具備療養保護師的資格證，當下的直覺是：「為何會問這種問題呢？這是告訴我沒有資格證就無法錄取的意思嗎？」我搜尋首爾50 Plus Center的網站發現了「跳舞・身體・人文學」的課程，雖然我很想報名，但剩下兩天就要截止了。

50 Plus Center舉辦課程時我申請擔任講師，這是第三年申請講師了，但公費課程、講座截止、講師申請似乎都無法順利，是否有一%的可能性呢？

講座開始的前一天我打電話到女性人力開發中心，向對方表示如果有人取消，我很想要參加。那是以六十歲以上的男性為對象進行「憤怒調適」的課程，我想要更進一步研究關於老人的知識，我問對方「跳舞・身體・人文學」的課程是否接受現場報名，但對方卻說因為候補者太多，所以無法接受現場報名。我想要讓身體更柔軟一點，讓《東醫寶鑑》

的課程更豐富一點，但課程講義受到首爾市政策相當大的影響，我想嘗試的三件事全都沒能順利報名成功，讓我覺得很難過。

其實我是在嘗試幾乎不具可能性的事情，但在詢問的過程中，我也查覺到自己對於工作和讀書的態度在老公退休後變得非常不一樣。我早就猜到「反正就算我確認也無法改變事實」，因為沒有計較自己獲得的權利，結果日後便後悔了，因為都是老公在負責賺錢，對於工作也就沒那麼敏感和迫切。

老公退休後養成了一個習慣，任何事只要有一%的可能性都會確認，這是始於體驗過人生谷底（？）的人的新習慣！就算不方便和丟臉也要確認一下！真搞不懂到底這算是浪費時間的行為呢？還是明智的行為呢？只是為了不留下一絲絲的遺憾，所以想要全力以赴！因為老公很清楚打零工流汗賺錢的可貴，因此總是竭盡所能避免犯下任何失誤。

退休後的生活和游牧生活差不多，游牧生活必須適應新環境才能生存，為了前往草地茂盛的新棲息地，必須動員全身的感覺，而對於風向的觀察也必須非常敏感。

我一直到高中為止都是待在鄉下，春天時在農村到處都能看見艾草，唯有知道大約哪一個時期才能採艾草，也才有機會喝到艾草湯。我向來都會仔細觀察周圍的環境，大概是兒時的習慣使然，每次搬家後我都會立刻去尋找半徑一公里以內有哪些商店。兩次待在國外生活時，我也會挑出CP值更高的市場且描繪我專屬的地圖，每個月領薪水的定居者和退休後的遊牧民族之間有何差異呢？試著在國分功一郎的《閒暇與無聊》中尋找答案吧。

「遊牧民族若是變成定居者體驗一成不變的景色，終將慢慢失去發揮感覺的力量，定居後的人類會失去發揮優秀探索能力的機會，因此，定居者須專注於失去功效的探索能力，尋找對大腦造成適當負擔的機會。」

定居者的月薪生活結束了，變得不再枯燥乏味，退休是發揮沉寂已久的探索能力的絕佳條件。雖然緊張且有負擔，但當完成困難的事情時就能獲得成就感。

老公離開公司前我認為安定的生活具備最棒的價值，就如同大樓廣告中出現的一樣，我在心中描繪了一張全家在綠色草地上露出燦爛笑容的圓滿畫面，我看著廣告試著想像，我們擁有一間三十三坪的房子，孩子們都很優秀，老公有固定的薪水，我們過著不虞匱乏的生活。我曾經過著那樣的生活，但老公退休後呢？安定的生活已經不見了，根本就不清楚明天會發生什麼事，因為沒有決定好的道路，必須開啟探索能力才行。如果有一%的可能性，開啟五感後不顧羞愧地去了解情況，若是沒有任何可能性呢？只要捨棄眷戀就行了。

退休後拓展五感能力的方法Tip

退休是游牧生活

不會令人厭倦的生活

是發揮探索能力最佳的生活

朋友說：「妳不是每天都在玩樂的大嬸嗎？」

熟悉的單字偶爾也會突然變不一樣，平常我都不會去思考自己是什麼樣的人，後來周遭的人有一天突然對我說：「妳不是××的人嗎？」屆時我才突然認真思考：「我是這樣的人嗎？」我認真苦思自己是誰、一直以來都在做些什麼，最近和朋友的通話讓我不禁回顧了自己的本質，我回想通話的那一天發生過什麼事，就像是「重新瀏覽」一樣。

那一天早上九點～十二點三十分為了準備研究所的期末考，我整理了七張A4紙，一起聽課的朋友拜託我幫忙彙整上課的內容。朋友經營柑橘農場，因為正值採收期，所以沒時間整理。我利用電子郵件很快地就寄給朋友，後來便簡單地解決了午餐，今天是50 Plus Center的成長事業報告書的截止日，我利用一小時三十分鐘的時間彙整七十二張A4用紙後便送去辦公室。

下一個行程是50 Plus Center，我申請了二點～四點的專題講座，為了在三十分鐘內轉搭地鐵，於是趕緊加快腳步，我看了一下手錶，還有十分鐘的餘裕。

我匆匆忙忙繞去鐘路三街的服飾賣場，因為大兒子生日，我考慮買圍巾送給他，一樓到三樓都逛了一遍。兒子生日的那一天上午我有課，於是便煮了鱈魚湯代替海帶湯，我覺得很愧疚。兒子在公司上班已經第二年了，我早就想送他一條不錯的圍巾，但卻遲遲無法決定要買哪一種款式，於是進去五分鐘就出來了。

我兩點在50 Plus Center聽精神保健中心開設的憤怒調適專題講座，講師是一名男性，不僅嗓音好聽，事例也很豐富，講座內容相當有趣。課堂上沒有人睡著，出席率很高，我也希望自己能以有趣的方式授課，因此我很認真聽講。聽課的人接二連三地提問，大部分都是關於夫妻之間的爭吵，以及對於子女、配偶的疑問，我努力寫下想要運用的內容且拍了照片。

下課時我去請教講師是否有憤怒調適的讀書會，講師在經營社團法人，說有家庭規畫師的資格證課程。我稍微苦思了一下是否要參加家庭規畫師的課程，講座於四點結束了，我和在講座時用眼神打招呼的人坐在咖啡廳聊了三十分鐘，該名女性是社會福祉學的博士，最近從公職退休了。她說自己想在50 Plus Center進行關於情緒與關係的專題講座，她先告訴我關於講師的經驗後便離開了。

後來我便前往下一個約定場所——弘大入口，那是七年前我在讀書俱樂部認識的姊姊工作的地方，那個姊姊在製作女性服飾，透過部落格宣傳製作過程，甚至還出口。聽過那個姊姊介紹的部落格課程後，我從五年前便開始經營部落格，我同樣也是透過部落格獲得專題講座的機會。我和製作衣服的姊姊，以及原本同樣也是讀書俱樂部成員的朋友一起見面，簡單吃過晚餐回到家已經超過十點了。

不過從鷺梁津站前往弘大入口站的途中我和朋友通電話，朋友說想要在虛擬大學讀書，但很想知道國家獎學金的相關資訊，告訴她相關資訊後，我說自己目前正要去見讀書俱樂部的朋友，朋友相當訝異地說：「哇！整天玩樂的歐巴桑還真是忙碌耶！」我立刻反駁說：「我是整天玩樂的歐巴桑？我是負責家庭生計的人耶，並不是整天玩樂的歐巴桑，聽專題講座和見朋友是我個人的社會活動。」

後來朋友驚慌失措地承認說：「是我說錯話了。」

玩樂的歐巴桑就是不負責生計的人嗎？那番話是「你的命好可以玩樂」的意思嗎？「整天玩樂的歐巴桑」這句話一直在我耳邊揮之不去，因為她是我在結婚前就認識的朋友，所以便認為我們之間可以毫無拘束地說任何話嗎？朋友偶爾會對我說：「妳遇到好老公，所以不用辛苦工作過好日子，」朋友說得沒錯，跟朋友比起來我確實沒有吃苦。朋友結婚後便靠著自由業負責家族的生計，但我當全職家庭主婦就是在玩樂嗎？全職家庭主婦是可以隨便玩樂的人嗎？有人呼喚我就得隨時給予回應，不然就是一直都很空閒且沒事做的人嗎？我對自己和該名朋友產生了一堆疑問。

我在對自己提出疑問的同時，也發現了自己改變的地方，以前只要聽到不喜歡的言語，我不會給予任何肯定或否定的反應，只會選擇沉默以對，等過了一段時間後才會生氣，後悔當時自己應該以有條理的方式否定對方說的話。這次我以深具爆發力（？）的方式反擊了，雖然我沒能說出：「我並不是整天玩樂的歐巴桑，如果妳知道我今天的行程，還能說我是整天玩樂的女人嗎？」但能夠立刻反駁讓我覺得很痛快。即使我並沒有義務向她報告我的行程。

朋友不假思索（？）脫口而出的一句話讓我擁有了金剛不壞之身，現在我表達自我想法時終於不會吞吞吐吐了，但我試著對自己的本質提出疑問，我到底是什麼樣的人呢？我具備數個人物誌，扮演多個角色，根本無法定義我是什麼樣的人，以及我是誰。玩樂的歐巴桑、母親、大媳婦、妻子、《東醫寶鑑》・憤怒調適講師、退休夫妻諮詢師、影片拍攝副導、知識競賽企畫者等任何角色我都能扮演，老公退休後我的角色變得更多樣化了。附帶一提，研究所的朋友為了感謝我幫她整理課程內容，於是便送了我一箱橘子。

認識自己的Tip

- 沒有人能把我定義為○○
- 我有多種面貌
- 老公退休後，妻子要進行多樣化的活動

承認自己急躁與害怕的個性

我在健康家庭支援中心已經諮詢第四個星期了，隨著進入冬天，我的內心也沉澱趨向平靜了，我向國家經營的中心申請了個人諮詢，收到了第三個星期進行的MBTI、MMPI檢驗結果。雖然沒有特別引人注意的內容，但急躁與恐懼的項目相當高，諮詢師問說這種程度的數值應該在六次（一星期一次）當中只進行四次就行了吧？我則回答：「好，那諮詢就到此為止吧。」若是繼續接受諮詢，我大概會依賴諮詢師且不斷地抱怨。

我有時候會很急躁，偶爾自我介紹時會說：「我是無法讓自己悠哉放輕鬆的個性，所以沒辦法燉湯，」大概是因為沒有耐心，所以無法慢慢等待。肚子餓時必須先讓自己填飽肚子才能幫家人做飯，我認為自己大概無法糾正這種現象吧。

不過在知道西氏健康法後，情況就改變了，我沒吃早餐可以支撐十六個小時左右。諮詢師看過恐懼的項目後便問說：「您對於金錢似乎相當恐懼，您認為年老後若是沒有錢會怎麼樣呢？」我則回答：「畢竟有基本的老人年金，大概不會餓死吧，不管怎樣都能過生活吧。」諮詢師反問：「那還需要畏懼金錢嗎？」然後問我說為何我會害怕金錢呢？我沉默了二～三分鐘無法回答，並且回想了過往的記憶。

我在大學四年期間搬了十二次家，因為沒有父母的資助，我本來住在親戚家，後來被趕出來便搬到房租便宜的地方。再加上我在情緒上、物質上都未能獲得父母的支持，爸爸說無論男生或女生只要滿二十歲都必須獨立，因此從來不曾給過我註冊費。冬天時因為沒有木炭，冷到只能使用電毯，但後來卻被房東臭罵了一頓，吃泡麵時沒泡菜根本就吞不下去，後來我都不太敢吃泡麵，那一類的記憶如同小米酒的沉澱物一樣堆積在我的記憶當中，所以沒有錢就會非常不方便的觀念才會根深蒂固烙印在我的腦海中。

老公退休後為何會讓我產生恐懼感呢？初期我認為不管怎樣總會有辦法，但後來退休金花光了，每個月都支出好幾百萬的韓幣，兩年後就見底了。老公戶頭裡的錢全都空了，於是便從我的戶頭中領出一千萬韓幣，先前去附近的信用合作社存錢時，就算喝杯即溶咖啡我也擺出一副威風凜凜的態度，但去解約時在等待的期間我連喝杯水都覺得要看人臉色。（雖然沒有人對我使臉色）彷彿有種握在手中的沙子慢慢流失的感覺，總之我的帳戶也很快就見底了。

退休後試著讓自己一無所有吧！如果有所依靠就不會輕易改變內心的想法，在我知道老公戶頭裡的錢都快花光前我根本就完全沒有危機意識，一直到我的戶頭也見底了，才驚覺事情的嚴重性開始急躁。另一方面，當兩個人在一起的時間變多時也會有這樣的想法，腦海中甚至浮現：「乾脆快點把錢花光算了？」前往南美旅行花個幾千萬，只要把錢都花光大概就會竭盡所能想辦法吧。

離開公司後在找到下一份工作前，「應該會有更棒的可能性」的期待真的害人不淺，雖然很殘忍，但唯有一切都消失不見才會真正展開行動。當然在積蓄見底之前會因為不安而節省和小心翼翼，兩夫妻一起去市場時都會抱怨物價為何如此高，對於禮金、刷卡等都會變得比較敏感。當這一類的事情越來越多時，夫妻之間就會因為意見分歧而發生爭執。

而且明明一起生活二、三十年了，卻會刻意掩飾自己的弱點，就像是受傷的禽獸靜靜舔自己的傷口一樣。我厭惡出現傷口（見底），所以通常在戶頭見底之前很容易都會沒有任何應對措施，但兩夫妻都必須清楚知道積蓄見底的情況，這樣才能一起從堅硬且冰冷的谷底爬上來，無論如何都會想辦法賺取生活費。

之所以會在健康家庭支援中心進行諮詢，第一個理由是希望有人能傾聽我心中的鬱悶。退休後的老公大概也是如此，偶爾會有不想見到任何人的時候，而且會變憂鬱，對平常就認識的人更難以談起過往的事情。這種時候和不認識的人交談（諮詢）會是一個不錯的方法，諮詢結束後，我試著檢視自己，我是在向別人感嘆自己的際遇嗎？這就是我諮詢的理由嗎？應該不是吧？但我卻因此而更深入認識了自己。第四次的諮詢與檢查結果顯示「急躁且對於金錢有恐懼症」，好，承認自己很急躁且感到恐懼吧！就算死了又有什麼好擔心的呢？兩個兒子已經長大成人能照顧自己了，老公也會煮飯餵飽自己了不是嗎？

諮詢後就會知道的部分Tip

在諮詢中傾訴心事就能獲得紓解

承認自己的弱點

沒有錢不會死

沒事時就是培養實力的機會

D中心的專題講座負責人傳訊息說：「目前正在召募憤怒調適的聽課生，但申請者太少了，」我擔心的事情發生了，於是便詢問負責人：「該怎麼做才能增加聽課的人數呢？」對方回答說其實沒有特別的方法，還剩下十天左右的時間，就只能慢慢等待了。九月時我向三個地方的50 Plus Center提出了專題講座的企畫，其中有兩個地方都落榜了，M中心的條件是一年無法進行三次以上的專題講座，交出企畫書後負責人才告知我這件事；E中心則說只要參加那邊的講師能力課程就會加分，或許是因為我沒參加講師能力課程，所以最後沒能合格。因為期待至少有一個地方會合格，於是我便先犒賞自己訂了十月份四天三夜的中國之旅……

收到E中心無法開課的訊息後，我頓時失去動力且什麼都懶得做，就這樣悶悶不樂過了一天，最後我還是把這件事告訴了老公。幸虧我身邊就有能傾訴的對象，當然老公如果只是單方面傾聽是很好，但有時候他的意見也會讓我覺得不開心。

在我內心脆弱時不管老公說什麼我都聽不進去，話雖如此，若是自己強忍住難過的心情就會變憂鬱。

我訴苦說：「這次申請憤怒調適專題講座的聽眾太少，讓我覺得很煩惱。」老公在晚上十二點工作回來，吃完飯後便來一根忍了一整天的香菸，然後就靜靜地回到房間睡覺。躺在打呼的老公旁邊根本就難以入眠，心中暗自苦思：「為何報名者這麼少呢？是因為標題不夠吸引人嗎？內容符合最近的中年人的煩惱嗎？」但我卻想不到解決的方法，昨晚呼呼大睡的老公在吃早餐時終於有回應了。

老公說：「畢竟妳想在那邊賺錢，若是專題座談沒有開設成功，大概會很痛苦。如果當做捐獻才能或是累積經驗就不會那麼有壓力不是嗎？」

老公說得沒錯，雖然我認同，但我的想法卻不一樣。比起捐獻才能，我更想要累積演說經驗和賺取一點微薄的收入，因為研究所的學費我並不想靠退休的老公，我已經信誓旦旦說會靠自己，第三個學期的學費該怎麼辦呢？眼前頓時一片茫然。

雖然我的收入少，但想做的事卻很多，老公退休後我便提議要過極簡主義的生活。但卻不想一直減少開銷過著喘不過氣的日子，偶爾我也想去旅行，這次和朋友去中國旅行對老公有點抱歉，他很喜歡和老婆一起出門旅行，但一起去所要負擔的費用太沉重了。不過當我說要和朋友一起去旅行時，老公欣然答應，雖然他沒辦法給我旅費。老公退休後支出大幅度減少，我們會去沒有招牌的商店購買外觀差強人意的水果和蔬菜，並且將生活費降到最低。但如果沒有課我就會覺得全身虛弱，我想要在經濟上獲得獨立，但卻遇到了瓶頸，我真的覺得很愧疚，講師賺取生計費的情況並不常見。

特別是身為講師的我必須自己努力追蹤召募廣告，而且要對趨勢很敏感，如果沒有取得博士的學位達到學問的高峰，或者是藉由不同於他人的特殊經驗突破難關，大概是很難取得一席之地，當然也須具備實力和一點運氣。若是想靠講師的身分賺取生計費，說不定需要二～三年，不對，或許需要十年以上。所以我很煩惱：「收入固定的日薪會不會才是比較實際的方法呢？」每天站著工作八小時的朋友則阻止了我，其實我也無法鼓起勇氣。因為我很容易感到疲倦，大概無法負荷那樣的工作吧。

D中心是否能順利開課還是未知數，我想要開課補貼研究所註冊費的心情非常迫切，我想要從經濟上獲得獨立。我希望能當講師賺取生計費、購買書籍和讀書，那沒能賺錢的時期該怎麼辦呢？沒有工作時就是培養實力的好機會。

這次報名人數少的那番話讓我非常有壓力，同時也成為刺激我的一項因素，那是我必須更努力讀書，以及必須更深入研究聽課者需求的一種信號。某位僧人說：「在青澀的水果成熟之前都必須吹著冷風、承受寒霜才會散發濃郁的味道，」而我也是如此。首先，我研究了星期四為了七十、八十歲女性開設的憤怒調適講座，構思能夠以有趣的方式上課的方法。為了能和她們的故事產生共鳴，我決心要豎起耳朵認真傾聽。

我不斷苦思哪一類型的課程適合老人福祉館七十歲以上的女性參加者，後來我去圖書館借了一本名為《女子傳，一個女人一個世界》的書，書中描述了現代史中勇敢的七名女性，她們全都是八十多歲的女性，她們年輕時是女性游擊隊、八路軍、慰安婦，以及人生坎坷的安東宗家宗婦。她們具備歷經艱困人生的女性本色，報名的聽講者會有什麼樣的故事呢？

我希望聽講者能透過我的專題講座發現自己的優點和從中找到樂趣，只要抱持這樣的想法，自然而然就能降低憤怒。

培養實力的方法Tip

青澀的水果在成熟前就該承受冷風

閒暇時就是培養實力的好機會

協助發現各自的優點

在Youtube頻道中進行退休專訪

我在Youtube頻道《打開話匣子吧TV》中談論了老公退休後的生活，我連結專訪內容透過KakaoTalk傳送給認識的人，當中有和我產生共鳴的人，也有禮貌上打招呼的人。對於有同感的人我覺得很感激，當然也很感謝打招呼的人，畢竟也有人已讀不回。

在KakaoTalk洪流中挪出時間給予回應讓我產生了莫大的力量！在收到回饋意見的同時我決定了，這個世界上還生存著其他人、想要獲得認同，如果有人使用訊息或KakaoTalk傳送影片，我同樣也一定要回覆對方，讓對方明白我傳送影片時的心情有多麼迫切。

在拍攝影片前進行了事前專訪，PD已經幫我編排好不太困難的架構，當我有聽不懂的內容就會再次問清楚，在這種氣氛下我只能說出腦海中浮現的過往故事，我的故事並不是窮酸的甘苦談，也不是華麗的英雄故事，而是常見的隔壁太太在經歷老公退休後的生存記。但我藉由說出自己的故事獲得了慰藉，竟然不是老公，而是其他男性，一名成年男子

（PD）認真地在聽我說話！我覺得很開心。原來我的人生其實是有意義的，我頓時覺得自尊感提高了。

人如果不試著傾訴心事就會覺得遭受孤立，所以透過交談說出來是很重要的，周遭的人都是以維生為優先，根本就沒有時間去認真聽他人的生存故事。聽過後會覺得很傷腦筋，而且通常大家都不會想要聽見會誘發「是不是該伸出援手呢」之類的糾結心情的故事，所以都不會把心事告訴身邊包含家人在內的所有人。

最近的年輕人都有四位父母，生物學上的父母和在Youtube上爭吵的父母，現實中卻無法對父母表達自己真正的情感，退休的人也同樣如此。就算想說的話非常多，卻沒有人願意傾聽，因為看起來像是在抱怨，所以根本就無處宣洩。不僅受到孤立，熟悉的群組中的反應也很冷淡，聽見升職或考上大學等的消息時大家都會熱烈歡呼，但或許是對退休後的生活難以啟齒，因此總是鴉雀無聲。

只要說出委屈的感情、悲傷的感情、難過的感情就會順利紓解情緒，很神奇的是，情感會被紓解和清除。無論是正向的情緒或是難過的情緒都學著放下，如此一來就能再次振作繼續向前邁進，希望這一類在Youtube專訪的管道能越多越好。

我就如同「若是迫切希望，全宇宙都會挺身給予援助，然後夢想就會實現」這句話一樣受到了眾人的關注，我感受到幫助的力量，也很感謝回文的每個人，多虧各位，我才終於明白「我並不是一個人，我獲得各位的能量」，於是我便將此一正向的能量編著成書與更多的人分享。

專訪時的領悟Tip

向他人傾訴心中的話，同時化解孤立感

我並不是獨自一人

借助他人的幫忙

我擅長什麼呢？

我並不會幻想自己成為某棟建築物的主人，我也不曾買過彩券，我認為這兩件事都與我無緣。但是我一直以來都有想要實現的夢想，那就是成為一名作家。我從十年前就夢想成為一名作家，為了實現夢想，我看了茱莉亞・卡麥隆的《創作，是心靈療癒的旅程》且依照作者的指導連續一百天寫了黑邊信紙（mourning-paper），我每天都會利用三十分鐘不停地寫出腦海中浮現的想法，我忘記自己寫了哪些內容，只記得一件事，就是像葛理翰牧師（一九一八年～二〇一八年，世界級復興牧師，被稱為美國總統的心靈指導者）一樣在數萬名聽眾聚集的地方演講的夢。

七年前，我在一個讀書俱樂部的活動中說我要寫書，當主持讀書會的老師問我要寫什麼內容的書時，我卻啞口無言無法回答，我把文章上傳至讀書家族，然後開設部落格寫文章。上傳幾年後數量雖然變多了，但卻沒有寫成書，我只有寫書的茫然想法而已，但獨自一人卻沒有任何進度。後來我在「知識溝通者」課程中遇見了兩位想要寫書的朋友，我們志同道合地說要一起寫書。

我找到了指導我寫書的老師，對方就在我的生活周遭，也就是一起在知識溝通者課程中聽課的其中一個人。L老師著作了兩本書，在50 Plus Center進行「我也是作家」的專題講座，老師說每天持續寫作很重要，後來我便開始把文章上傳至老師的寫作板《寫作100日專案》，這是一項連續一百天內每天都要寫一卷的專案，我幾乎每天都上傳文章。

只要上傳文章至「我也是作家」板，老師和網友看完後就會回文且互相給予鼓勵，我得加緊把握這種好機會！我每天都會在十二點截稿前上傳文章。獨自一人寫作時不管寫不寫都一樣，因為沒有人會閱讀，當然就不會趕進度。板上一直都有人會閱讀文章，於是我會努力實踐約定。傍晚時睡三十分鐘後起來，然後就趕在晚上十二點前上傳文章。

有會回文的朋友和老師存在這件事本身賦予了我相當大的力量！那是我明白寫作之喜悅的人生黃金期，有人說稱讚能讓鯨魚跳舞，而回文和鼓勵也成為讓我繼續寫作的助力。

板上的朋友在線上變親近，後來在現實生活中也經常見面，見面時我會準備書的目錄且傾聽意見。當中也有管理中小企業且與退休有一段距離的人，但那位也對於五十歲以後的夫妻分工合作的部分深感認同。

只要把文章上傳至板上就能更加了解自己，只要解放自己就能發現先前未能察覺到的部分，進而對同一件事有不同的想法。只要先解放自己，朋友就會增加，也能積極詢問自己想知道的事情。只要決定一個領域向前邁進，到處都會有伸出援手的人，我們具備幫助他人的善良之心，幫助他人的喜悅是從內心深處形成的滿足感。沒有事情時、無法向前邁進時就試著檢驗「我的優勢與機會」SWOT清單吧！危機就是轉機，試著以我的SWOT分析當作例子吧：

寫作的SWOT分析

1.優勢＋機會：利用優勢捕捉機會

「將每天做的事情記錄SWOT分析觀察」SWOT就能找到新的事情和創意

「拓展宣傳自己的機會

「在線上和有其他經驗的人交談就能讓創意更加豐富

2.機會＋危機：將危機變成機會

- 老公退休了，另一個人生的出發點！
- 透過和經驗類似的退休男性、女性交談累積資料
- 我透過談論自己和退休老公經歷之間的事情讓自己能更親近他人

3.加強弱點、捕捉機會——持續上傳至部落格和Youtube宣傳

- 每天寫三個小時

4.優勢與危機：利用優勢克服危機——透過快速的回應加強互動

- 每天寫文章且試著檢討
- 上傳至板上取得意見回應
- 取得意見回應且再次彙整文章，於部落格上進行連載
- 尋找需要繼續加強的部分

只要進行SWOT分析就能更清楚自己的現況，我把退休者妻子經歷的一切著作成一本書，使用讓退休夫妻能好好過生活的方法，諮詢後有助於規畫五、十年後的未來。

我們生活在自己創造商標的時代，以及自己成為商標的時代，我是退休夫妻的專家！閱讀這本書的各位想要在何種領域中創造自己的商標呢？試著從今天開始吧！試著尋找每天都能做的事情吧。

取得機會的方法Tip

如果有幫忙的朋友，機會就會來臨
如果周遭給予回應，一定要繼續下去
把握機會讓自己成為商標

讓我如同營養霜般變滋潤的自我管理

E太太在五十歲後才出社會，起初為了適應而忙到暈頭轉向，當熟悉社會活動後便開始夢想去旅行。她在某個課程中發表「為了自己的實踐」說：「這次我要自己去旅行。」大概是光是想像就覺得內心澎湃的關係，她的聲音顯得相當激動，她先搜尋和地方自治團體有關係的旅行商品，為何她想要自己去旅行呢？

老公在家經常就能見到了，女兒忙著準備就業，朋友則很難配合時間。幾年前E太太的老公退休回家了，因為老公在家，於是便負責照顧公婆，而她則開始了社會活動。出社會後因為慣性法則的關係，每天的行程都很忙碌，每天都要進行兩件以上的事情，上午是活動家、下午是老師、週末則是公共機關的活動家，就這樣忙碌了好幾年，只是不斷地向前衝而已。

參加那個課程後她領悟了一件事，腦海中出現這樣的想法「如果不關心自己，根本就沒辦法工作太久，大概會耗盡電力倒下吧，那我現在想要什麼呢？我想要旅行！若是沒有人和我一起去呢？那就自己踏上旅程吧，在新的地方享受陌生的狀況吧」，參加那個課程的其他女性有什麼樣的故事呢？

事情繁忙的N太太說娘家的媽媽最近被診斷罹患失智症，她帶媽媽去醫院的次數越來越頻繁，為了忙著工作和照顧媽媽，她的嘴唇裂開了。她想要的是一整天靜靜地待在家裡，聽喜歡的音樂且想要休息就能休息，對因為工作而疲憊的人來說，最需要的就是靜靜待著的時間，擁有屬於「自己」的時間，靈魂就能獲得喘息。

四十多歲的女性G太太平常不會煮飯，都是由老公負責煮飯，這次的計畫是親手製作美食和家人一起共享。因為她幾乎不會製作料理，所以本來完全沒信心，但後來她發現燉排骨並不難。肉放入壓力鍋一小時就會變軟，骨頭和肉也較容易分開，可以說是入口即化。偶爾親自下廚和家人一起共享也會獲得治癒。

擔任講師的五十多歲女性F太太希望自己被稱讚是一名好媽媽和工作能力好的人，有一次她製作料理給兒子吃，然後問說：「媽媽煮的東西很好吃吧？你知道這種時候該說什麼嗎？」

就讀大學的兒子沉默了一會兒回答說：「自賣自誇！過度妄想症？」

F太太：「是稱讚別人的四字成語，你試著稱讚一下媽媽呀！」

後來兒子回答：「聞所未聞！」

F太太：「媽媽想要你說的是絕代佳人，錦上添花。」

我的實踐計畫是寫書，每天寫作三個小時、收集事例，以及修改專訪和目錄。既然已經說了，後來便一直都在付諸行動！我一直在寫作板上寫文章，實踐計畫的事情後，自尊心也就提升了。

自我管理是一項仔細聆聽自己想追求之目標的作業，若是沒時間照顧自己，身心累積的情緒就會無法獲得抒發。無論是厭惡的情緒或是好的情緒，任何一種情緒都可能會發生，若是認同這一類的情緒且讓情緒得以獲得紓解，身心就會趨向健康。若是因為自己的角色過度負荷而深感痛苦，需要利用一整天、兩天一夜，或是短暫的時間把心思放在自己身上。偶爾需要家人充分的給予支持，不然可能會迷失方向，甚至會開始懷疑自己的存在與生活方式。

身心在枯竭之前會發出信號，此時獨自踏上的療癒旅程或靜靜休息的時間就和讓臉上變更具潤澤和光澤的營養霜一樣，只要進行本人想做的事，臉部就會充滿朝氣和散發光芒。若是想被周遭的人稱讚，不要一味地等待，積極地播下言語的種子來收穫吧。和兒子交談的幾天後F太太要出門工作時，兒子突然說：「一路順風呀，絕代佳人。」

五十歲女性的自我管理Tip

照顧自己的時間是不可或缺的

做自己想做的事情，臉部就會散發光澤

若是有想聽的話，就要先撒下言語的種子

坦白，隨著進行的次數越多，自尊心也會提升

我連續八個星期每天都要進行兩小時的憤怒調適講座，第一堂課時聽課者要求說：「調適憤怒的好方法是什麼呢？請快點告訴我們！」這是在憤怒調適課程中最常聽見的一句話，但五〇~八〇年的習慣難以一下子就改變，人類通常在面臨死亡關頭或緊急狀況之前不會改變，沒辦法在短時間內就改變習慣。

只要明白自己的好就能降低憤怒，若是檢視自己時能感覺到滿足與充實感，就不太會對他人生氣。那麼該如何感受到充實感呢？

只要找到自己擅長的事就行了，自戀是指「對自己感到讚嘆」，憤怒調適課程一定會列入的內容就是「自戀的時間」，自戀是想要炫耀自己的優勢和自己的舌粲蓮花。課程初期有八〇％以上的人說自己沒有任何擅長，只要有人先行動，其他人就會一一跟著開口。

試著學會自戀就會發現自己擅長的事其實很多，並且獲得周圍人的認同，五十歲出頭的T太太在上次的課堂中說：「我已經學Zumba（尊巴）舞三年了，心情覺得愉快，有時

間的人可以一起來。」然後接著說：「因為這星期沒有特別的事要做，啊！我已經在週末農場耕農十七年了，秋天時我都會分白蘿蔔和大白菜給朋友們。」

天啊！雖然我也去過週末農場，但從抓菜蟲到採收醃漬泡菜的大白菜的這段期間都相當費力，她竟然還能分給朋友，而且既然要分給其他人，那就表示要送到對方的家中。朋友們每年都因為她送美味健康的食物而道謝，真希望我也有這樣的朋友，有人說：「不要買前面有庭院的房子，而要結交家中有庭院的朋友。」只要和這一類的朋友親近一點就能獲得免費的大白菜。

六十多歲的男性D先生處於憤怒爆發前的活火山狀態，因為他深信自己的憤怒很正當，所以沒有比較親近的朋友。但他也一起參加了自戀遊戲，當然他也有可炫耀的事情，他領養了兩隻流浪犬，而且兩隻都照顧得很好。第二件炫耀的事情是搭乘郵輪去北歐時因為舞跳得很好而數次獲得熱烈掌聲，因為他代表韓國，所以他很努力跳舞，那樣確實深具魅力，而且充分值得炫耀一番。

六十多歲的H太太說自己在照顧子女時幾乎不曾外食，從小吃媽媽親手製作的食物的孩子們也不太會生病，最近有許多人都認為親手製作料理很麻煩和辛苦。但H太太一家人幾乎不去醫院，現在老公退休了，兩人還會一起去公園散步，她在一旁協助六十多歲的退休老公適應在家的生活，他們還會輪流照顧孫子且互相體貼讓對方去參加想學習的講座。她可以說是這個時代的賢妻良母吧？一般來說女性在外面工作，家人就會經常外食，但任何人都一樣，只要長時間沒有吃家裡的飯，內心就會變空虛且情緒會不安。能讓身心產生力量的食物就是家裡煮的飯菜。

六十多歲還在參加馬拉松的C先生於福祉會參加照顧與協助孩童領養的工作，兩夫妻照顧小孩十個月後將其送去了美國，小朋友升上國中放假時就會來造訪，如同就像是來父母親家裡一樣，他們會一起彈鋼琴共度歡樂的時光。馬拉松跑者C先生近期的目標是參加該名孩子所在的美國的××馬拉松創下最棒的紀錄，他制定了能在該名孩子看見的地方帥氣退休的目標，而目前也持續在練習當中。他正在實踐大人想成為孩子優秀典範的夢想。

只要說出自己想炫耀的事，就能成為彼此的資訊，同時自信也會上升。當心中出現「啊，我其實也過得不賴，真是有趣，其他人也認同我和稱讚我耶！」這一類的充實感，憤怒自然而然就會消失，內心的儲藏室也會擴大，能妥善調整憤怒的方法就在我們心中，自戀就能提升自尊心。

自我炫耀，自戀就會變好的部分Tip

自戀能提升自尊心

其他人會給予認同

內心的儲藏室會擴大

五十歲更年期女性，成為彼此溫暖的娘家吧

星期天傍晚六點朋友一家三口來我們家，朋友的女兒B說自己即將參加公務員面試，因此想要在長輩面前練習。A住在距離我們家車程一小時的地方，他平常週末也要上班，因此很難得可以來我們家。朋友難得來，要去哪用餐比較好呢？睽違這麼久沒見面了，後來我決定要親自下廚，準備了韭菜煎餅、白菜味噌湯、煙燻鴨、炒菜、糯米飯，抵達五小時前我拿出了韭菜、紅蘿蔔、淡菜等製作韭菜煎餅需要的材料。

B為了練習面試，連午餐都沒能好好吃，因此餐桌上的韭菜煎餅吃得津津有味。稍微休息一下後，B便開始練習一個小時，我們兩夫妻就像是面試官一樣提問且給予評分，朋友早就準備好考試形式了，剛開始像面試官一樣提問，但卻不清楚哪一種方法比較具備效果。後來B說需要刁鑽一點的問題，於是我們便提升問題的難度，無論面試官提出何種問題，B練習時都能擺出游刃有餘的態度回應。

B來我們家之前曾接受面試提問諮詢，因為已經反覆練習很多次了，所以回答時聲

音自信而淡定。或許是因為先吃了我製作的煎餅消解飢餓，她使用補習班指導的孤立波（soliton）以有自信的嗓音回答，回答內容雖然抽象，但因為她還是一名十九歲的高三生，沒有任何的社會經驗，還無法說出豐富的事例。

朋友A是老公前公司部下的夫人，因為年紀比我小兩歲，平常都稱呼我為姊姊且如同朋友般相處超過二十年。老公還在公司時，她告訴了我許多我不知道的公司消息，雖然老公已經離開公司五年了，但我們就像親姊妹一樣會造訪彼此的家。

四年前娘家媽媽過世了，爸爸則在十三年前離開了我們，雖然大哥還待在老家，但畢竟媽媽不在了，所以像是失去依靠的孤兒，雖然我和老公組成了家庭，但娘家是讓情緒趨向安定的窩。因此我認為：「我自己要成為其他人的娘家！透過互助成為彼此的娘家吧！」

A的娘家母親雖然還健在，但因為年事已大，所以就算女兒回去也無法親自下廚。我便認為：「那我們成為彼此的娘家就好了不是嗎？」

若是想要讓和朋友相處的時間變愉快很簡單，只要把家裡變成和娘家一樣就行了，娘家就算躺下也不須看人臉色，整天玩樂也有人會準備飯菜。娘家爸爸還在世時，回娘家都無法盡情地休息，天亮時如果不快點起床就會被爸爸嘮叨說：「都天亮了，妳還在幹嘛？快點起床呀。」雖然如此，但除了娘家以外，還有哪裡可以讓我們盡情地躺著休息呢？老實說媽媽的鄉下食物一點都不可口，二十歲離開家後經過了好長一段時間，也因為這樣變得不合我的胃口。但父母親還健在時，每當回娘家都會對我說：「多吃一點，為什麼妳這麼瘦呢？」然後準備了他們自己種的芝麻和辣椒給我。

只要和他們分享如同父母親般照顧呵護的那份心意，那個地方就會變成和娘家一樣。朋友A在我們家吃完飯後閒聊了兩個小時。

在我們閒聊時，老公則幫B算了八字，老公憑藉研讀東洋學兩年的實力還算了易經卦。他還建議了B出社會時處理人際關係的方法，雖然不清楚尚未出社會的B是否有專心聆聽。無論在哪我們都能打造出一個娘家，我去那名朋友家時也會放鬆躺著聊天，老公退休後人際關係會逐漸縮小，幾乎也很少客人會來我們家。這種時候如果能先營造對方喜歡且舒適的環境，反而能加深人際關係的深度。

打造良好的關係Tip

依照我想要的方式招待他人

人際關係的深度取決於我

人生的幸福由自己創造

稍微降低以前的常識與基準

夫妻的關係理所當然會改變？就算是琴瑟和鳴的夫妻，在丈夫退休後也會改變，改變較慢的主要都是丈夫，若是妻子沒有出現丈夫期待的反應就會感到失望難過。本來希望對方最好不要有任何期待，但本人卻把自己的道德與常識視為太理所當然了，若是妻子不同意的話，自尊心就會受創。妻子有自己的想法，但丈夫若是物質與精神方面都沒有餘裕就無法考慮到這一點，該如何處理夫妻之間的關係才能降低遺憾呢？

老公提議年底回鄉下住三天兩夜，從日本暫時回來休息的兒子提議要回故鄉和家人聚一聚，我本來想說：「上次不是去過了嗎？」但卻忍住沒說出口，只回答說：「我需要讀書和休息的時間，所以不想去。」畢竟兩個月前已經因為婆婆的八十大壽回去一趟了。老公則不耐煩地說：「妳到底有什麼重要的事？妳何時才要陪伴家人呢？」不管怎麼樣以我的立場來看時我們算是經常回婆家，回婆家會讓我受到拘束。祭拜祖先都是由我準備，所以現在回婆家時也沒有特別重要的事，儘管如此在出發的前一天依舊呈現緊張的狀態，每次回婆家我都會飽受便祕所苦。反之老公卻沒事，站在老公的立場來看唯有和家人在一起才能創造回憶，老公大概是因為上次要準備考試而沒能參加婆婆的八十大壽，所以內心覺得愧疚吧。

今天在健康家庭支援中心結束了第四次的諮詢，我對諮詢師說：「我們因為年底回故鄉的事吵到面紅耳赤，老公退休後我們沒有特別想一起進行的事，退休前本來認為我們兩夫妻一起回故鄉是理所當然的，但現在卻不想。」諮詢師回答：「真是悲哀，老公退休後就失去了力量（Power），若是他想做的事被拒絕不是很悲哀嗎？」諮詢師建議說：「目前為止妳都避免讓自己的生活變成以主婦為主的戲劇舞台背景，做家事時也盡可能保持心平氣和，妳對於支撐這個家庭有功勞，但若是現在放手的話，以前的良好表現就會失去其意義。」

結婚初期我很難表達自己的想法，就算有意見也不會詢問或計較，老公同樣也沒有詢問過我的意見。

並不是因為他有大男人主義，事實上算是一個很講道理的人。但如果老家的人有需求該幫忙，他們兄弟會先討論後才知會我。

當然我也袖手旁觀，積極挺身而出就得負起越多的責任和做越多的事情，當做出需要支付大筆金額的重大決定時，因為他沒有詢問我的意見，爭吵時我便問說：「你不把妻子當作家庭的一份子看待嗎？」事到如今若是我說不想回婆家，老公可能會認為自己退休後就失去力量被瞧不起，我一直以來都在忍耐。

諮詢老師建議說：「妳應該深入思考一下退休後該如何溝通才有助於營造健康的家庭，該如何建立夫妻關係與家庭關係才算明智的選擇呢？不要讓先前累積的努力全都泡湯！好好思考一下自己想要在成年的孩子面前成為怎樣的父母！退休後收入減少的狀態下無法和以前一樣，男人在和原生家庭的人見面時大概也無法輕易說出改變的情況（收入、支出）。妳丈夫同樣也不會老實對家人說出目前的情況。」

退休後若是一味地把事情推給另一半，久而久之就會產生後遺症，我們家回故鄉的這件事本身並不能小看，回去一趟需要五小時的車程，客運的費用也不低。重要節日回去一趟後，大約有二～三個月的時間都會受折磨，老公的日薪變成週薪，一個星期如果缺席一天就會少領兩天的日薪，我不敢說自己這次無法去的理由是因為費用。老公是否知道我一年有多少次想念故鄉的海味和新鮮的生魚片，但卻一直在忍耐的事實呢？

退休後家庭的重心大致上都會從丈夫身上轉移到妻子身上，丈夫在社會生活中扮演了許多角色，然後終於回到了家庭，妻子早已熟悉了在家人之間協調情緒，就算丈夫的力量早已逐漸走下坡，也該以睿智的方式說服丈夫，整個家庭才能和平相處。為了達到此一目標，就該仔細觀察說哪些話時會讓丈夫的心情變差、哪些話會讓丈夫開心。當然丈夫也該體貼妻子研究與實踐說話的方式。

年底回故鄉的問題在小兒子回來時自然而然就解決了，我和大兒子兩個月前去參加過八十大壽，這次輪到老公和小兒子一起去。老公同意了我們無法全家都一起回鄉下的事實，並且稍微降低了本人的高度價值標準，孩子已經在工作，妻子也有自己的事情，要依照老公的常識行事太困難了，我也因此能多讀一點書。

退休後只要降低以前的常識與標準，家族關係就會少一點遺憾，夫妻的關係會改變，當吹起變化的風時就該晃動。區分枯木和活樹木的基準透過樹枝是否會晃動來判斷，枯木則不會晃動，夫妻之間如果因為不合而晃動，那就代表活得很好不是嗎？

維護夫妻關係的祕訣Tip

自己的標準與道德並非王道
研究對夫妻都好的說話方式
降低以前的常識與標準

減輕年邁的雙親．中年夫妻．子女三代的負擔！

《東醫寶鑑》第一堂課時有名學生說：「我是為了兒子才會研究健康方面的知識。」她還附帶說了五十三歲的女性須維持健康的理由，她只有一個兒子，娘家與外婆家兩邊加起來就只有一名二十多歲的兒子，所以要關照的長輩有奶奶、爺爺、外公、外婆、姑姑、叔叔、舅舅等總共六個人以上，當然二十多歲的兒子無法負責每一個長輩，但我們必須像這名女性一樣學習健康相關知識且妥善管理自我的理由是什麼呢？

購買商住兩用房時，我和一名二十六歲的銷售諮詢師進行了諮詢，起初諮詢師不斷地宣傳購買商住兩用房的優點，隨著諮詢時間變長，我們後來還一起喝了咖啡，改變場所後就聊起私人的事情。諮詢師說自己的父母都有工作，但在三年前離婚了，大學時父母都會分別給零用錢，她當時覺得很開心。她的父母一位住在富川，另一位則住在恩平區，週末時都會輪流去見他們，如果很忙就不會見面。但以後如果其中一個人生病不舒服，因為彼此無法照顧對方，讓她相當擔心。

我周遭有父母離婚後分開照顧的例子，六十五歲左右的男性J先生分別照顧九十多歲且離婚的雙親三十年，母親在六十歲時突然說：「我已經沒辦法繼續和你爸爸一起生活了。」所以兩人雖然都住在首爾，但一位住在地鐵東邊的盡頭，另一位則住在地鐵西邊的盡頭。同一天很難兩邊都去，所以妻子準備菜肴去見已經九十歲的母親，兒子則準備九十七歲老父親喜歡的燒酒、啤酒和下酒菜去見父親。

其他兄弟姊妹已經離開韓國了，所以無法輪流照顧年邁的雙親，母親宣布要分開時根本就沒預料到兒子會這樣奔波分別照顧兩人這麼久。

從兩個事例我們能知道父母融洽相處對孩子來說是有助益的，以前預期壽命較短時，奉養父母的時間也比較短。

子女並不是單方面照顧，而且時間很短，進行孝道也很自然。父母親上了年紀後給予照顧是身為子女的本分，但在這個時代很難將本分視為義務。有人說久病無孝子，年老後還是不要期待子女會孝順自己吧！退休夫妻在這種時代該如何生活會比較好呢？首先，需要有就算活到一百歲在情緒上・物質上都不依賴子女的堅定意志。

退休夫妻只要和諧相處，三代的生活都能過得舒適，如果夫妻的關係良好，本人的生活品質也會變好。七十～九十歲的父母親是需要五十歲子女照顧的弱勢，父母親是弱勢，對於子女夫妻的狀態相當敏感，老父母的生活品質也會受到子女婚姻相當大的影響。年輕的子女也同樣如此，若是父母親的關係不佳，情緒上會無法獲得支持，做事時神經也會很緊繃。特別是與一邊父母親關係好的子女也得單方面完整承受對方的不滿，大概沒有人會希望遇到這樣的情況。

夫妻就算沒有生活在一起，也有能獲得幸福的方法，盲目忍耐的時代早已結束，任何人都無法要求你忍耐。而且退休後若是配偶先離世，就得獨自生活四十年以上，另外，黃昏離婚後也能透過再婚等各種不同的型態享受快樂的生活。

那麼重心就無法全都定義為夫妻，需要獨自一人或透過其他型態生活的技巧。拓展視野觀看其他國家或許就能得到線索，聽說義大利每年有二萬對以上超過五十歲的夫妻黃昏離婚，離婚的夫妻有三分之一會尋找另一半。性文化開放的瑞典中年人之間流行「分居同寢」，各自都有屬於自己的家，發生親密關係的時間會在一起的新型態關係。那是一種想要擺脫傳統家庭義務的女性們喜歡的關係，近來卒婚與卒父母也在我們國家引起相當熱烈的討論。

實際上也有女性宣布卒婚，她和丈夫於三十年間都無法好好溝通，雖然難以說是某人單方面的錯，但生活品質已經掉入谷底了。丈夫負責家族的經濟，雖然為人老實，但卻無法和妻子溝通。妻子雖然因為鬱悶而氣憤，但依舊生活在一起，她在結婚三十週年時宣布卒婚，生活在同一個屋簷，但互相不干涉對方的私生活，妻子說自己現在終於能喘口氣了。

無論是哪一種型態的中年生活，自己都該幸福，最好能不要依賴子女、年邁的父母或是其他人。除了家人以外無論是見誰都無妨，只要相處融洽就行了。參加老人福祉館憤怒調適課程的八十多歲女性一直到三年前都會醃漬泡菜送給子女，不過後來兒子卻說已經不需要了，母親覺得相當開心，她利用原本要醃漬泡菜的時間和朋友一起學習流行歌曲，然後在九十多歲的老人聚會中表演。

若是想要活得快樂點，可以去學習倫巴舞、太極拳，或者是去跳舞的地方和新的搭檔一起跳舞（運動）。雖然我不清楚活超過一百歲以上的生活會是何種型態，但如果能在不依賴任何人的狀態下獨自過得快樂，我倒是很樂意接受。

前面提過的《東醫寶鑑》聽課生說自己是為了不造成兒子的負擔才會研究健康的相關

知識，好，不過要不要試著把思考的方向稍微轉動十五度左右呢？只要我快樂，兒子也會很快樂，父母親或年邁的雙親不要整天等待子女的出現，而是要自行尋找樂趣。獨生子同時要照顧多名長輩是很辛苦的事情。

年輕銷售諮詢師的父母若是有「自己這麼辛苦養育孩子，但孩子卻只去找另一個人，完全不關心自己」之類的想法，大概會讓彼此都很煎熬吧，如果和孩子在一起的時間很快樂，分開時也過得很舒適，無論孩子是否經常出現也都不會造成問題。要不要把孩子當作客人看待呢？光臨時開心迎接，離開時則依依不捨，儘管如此依舊能理直氣壯地說：「我還有自己的人生不是嗎？」

我們無法強迫退休的夫妻就算勉強也要融洽相處，而是在開銷或情緒層面都能更親近一點會比較好，最重要的是以自己為主軸於情緒、肉體方面享有健康的生活。

前面提到J先生九十七歲父親搬去兒子準備的商住兩用房沒幾天就表示想搬去能踩到地面的花園住宅，後來兒子為了解約、搬家吃了不少苦頭，不過他依舊會去找父親，他無法改變九十多歲老人的想法，但他說最近父親的心情很愉快。洞事務所有照顧老人的活動，年輕人會來幫忙準備菜肴，並且檢視老人們是否過得好，他覺得相當開心，因為父親生活得很快樂，兒子肩膀上的重擔也變輕了。

專屬的愉快生活Tip

在物質上・情緒上都不要依賴子女

認同多元化型態的生活

只要我好，周圍的人也會變好

對縮水的戶頭
進行
心肺復甦術

第4章

是否妥善運用退休金呢？

近來市面上最熱烈討論的話題就是退休金，根據金融監督院公布的資訊指出甚至有人領五億韓幣以上，就這樣詔告全天下有些人的基本退休金與特殊退休金加起來能領到如此巨額的數字。領不到此一金額的人看見後一定會非常驚訝，不過領到巨額退休金的人到底會如何運用這筆錢呢？雖然並不是非常普遍的情況，但其實這個社會上有騙徒專門在伺機等待領取巨額退休金的人上鉤，為何有些人會被騙走錢財呢？若是不想讓珍貴的退休金化為烏有該注意哪些事情呢？

金錢是能量來源，能量必須使用在某個地方，一口氣獲得的名譽退休的退休金具備非常龐大的能量，如果一味地帶在身上就會像吞噬火球一樣。

有什麼方法可以避開火球呢？如果有債務就該先還清，若是沒有債務呢？當然就該立刻開始苦思。這種情況下通常身心都會呈現蠢蠢欲動的狀態，開始觀察是否有能賺錢的機會，就如同一般懷孕的女性走在路上時都會特別關注其他懷孕的女性，退休者身上若是有一大筆錢就會開始尋找投資的標的。

擅長投資的人有一項特徵，就是很清楚其他人的慾望，若是想要投資就得知道其他人想要什麼、想要住什麼樣的地方，以及對趨勢瞭若指掌。在他人都喜歡的地段先買好房子的人通常都是因為早已掌握這一類的趨勢，不管是貸款或是繼承父母的遺產都願意承受風險。以我來說，每次投資時都不會跟著慾望行動且都是反向操作。老公退休後我也沒有打聽清楚，還以為只要時間到了自然就會賺錢，然後就把錢拿去投資了。結果呢？後來光是看見通訊軟體的群組內容就會讓人心中出現陰影，我的錢全都在瞬間蒸發了。當然在簽約時都會把未來說得非常美好，但詐騙集團在行騙時是不會先通知對方自己是騙徒，而是會使用親切與動聽的言語讓對方動搖。

在投資之前得先了解自己是什麼類型的人，是投資後必須在短時間內有結果呢？還是可以等待十年或是二十年呢？我在路邊的電線桿上看見了宣傳單，上面寫著：「只要投資一億五千韓幣，每個月房租就會有一百萬韓幣。」（編按：一韓幣＝〇．〇二四八三台幣）

雖然價格稍微提高了，但已經好幾年都是同樣的內容。既然它沒有消失不見，那就表示有人上鉤了吧。另外，早報中刊登的廣告說只要投資商住兩用房和××飯店，保證有十年的收益，投資金額一億，每個月銷售額二千萬，當中八百～九百萬是淨利，一年就能回本。

還有一個地方也能輕易賺錢，那就是創業顧問的廣告，表示會幫忙接收直營連鎖賣場，而且是只要進駐醫院、大學就能保證獨占的賣場，可以取得必須招標的賣場。然後又催促說：「這是流動人口多的獨占商家，條件很好且機會不是常有的！」因為這種機會難得，所以內心就動搖了嗎？

名譽退休金是年輕時犧牲休息與陪伴孩子玩樂的時間工作換來的，有些人為了投資會投入退休金，不足的金額就用貸款彌補，但最後卻在幾個月內就宣告失敗。投顧業者通常在簽約前和簽約後說的話都會不一樣，在簽約前都會說：「條件非常棒！已經有固定的客源了！那是一間接收者不需要擔心的店鋪」之類的話，利用能輕易賺錢的話術來誘惑對方。但簽約後出現問題時誰會占上風呢？投顧業者是這個領域的專家，他們早就準備好可以全身而退的逃生口。反而會反駁說：「事業本來就取決於自己的判斷！看來您缺乏優秀的營運能力！其他地方都營運得相當好，為何您卻是這樣呢？」

「我」不清楚其他店鋪的現況，資訊呈現不對稱的狀態，而且根本就無法比較。

就算有不錯的經營訣竅，投顧真的會傳授嗎？如果因為對方說條件很好而簽約，就會因此而掉進詐騙集團的圈套當中。

創業顧問的職員有很多都是三十歲左右的年輕人，年輕的鬣狗和年老的公獅，換句話說，這是一場賭上性命的年輕人與有錢退休者之間的遊戲。他們只要聞到味道就不會輕易放棄，他們在創業顧問公司接受教育訓練，且不斷地重複既定的營業話術。無論如何，他們都會想盡辦法簽約取得手續費讓自己生存下去，和這一類職員交談或簽約時一定要睜大眼睛，若是有一絲絲疑問，就該先暫時休息一下後再決定。

只要仔細追究就會發現破綻相當多，契約前的話術是有點投資經歷的人都能理解的內容，但若是一心只想要輕鬆賺大錢，就會無法冷靜判斷。如果因為對方一句：「趁早利用退休金為舒適的年老生活鋪路吧！」而感到焦躁不安，那就等於是中圈套了。

除了商住兩用房、飯店、商家、創業諮詢以外，也有人會利用退休金進行其他投資，原本是大企業老闆的P先生在首爾近郊有土地，因為一直閒置的關係，所以支付了許多稅金，後來使用十億以上的退休金與認識的人一起投資建蓋了冷凍物流倉庫，這是因為只要建蓋倉庫，保證就能獲得上千萬韓幣的月收。但管理倉庫和先前的工作是完全不同的領域，先前也不曾涉略冷凍物流倉庫的行銷，雇用管理者一年的人事成本需要一億，這樣實在太浪費了，結果呢？最後冷凍倉庫呈現空蕩蕩的狀態，像這樣使用退休金投資後卻陷入進退兩難情況的例子可以說相當多。

若是有人說只要投資退休金就能保證有穩定的收入，就一定要認真質疑其真實性，沒有人會替我們負起任何責任，而我們也不該依賴其他人。必須自己研究後承擔風險，擁有高額退休金的人就像是抱著炙熱的火球一樣。

投資退休金時的注意事項Tip

投資時要提防親切與中聽的話術

當對方說條件很好時，就該先休息一下再決定

確認自己對想投資的領域有多少程度的了解

不管是一千韓幣、二千韓幣、一萬韓幣，所有的收入都很珍貴

離開公司後就會失去收入來源，當六個月的失業補助領完後家中就沒有任何收入，若是積蓄都花光就得去賺錢。如果是五十歲離職的話，還不到領取國民年金的年紀，不過至少也該有基本生活費才能過生活。要去哪裡籌醫療保險、國民年金、父母的生活費、電費、水費呢？

不知道何時還能再次就業，話雖如此若是因為心急而隨便亂投資，隨之而來的後果可是非常嚴重，謹慎思考後卻也很難找到合適的投資方法，退休後該如何提升收入呢？沒有任何方法可以在短時間內大幅度提升收入，因為相信能賺大錢而投資，最後卻導致積蓄全都泡湯的案例可以說非常多。

事實上別說是賺大錢了，實際行動後會發現就連賺個一萬韓幣也很困難，關於賺取一

萬元的困難之處，筆者就來聊聊自己親身經歷的故事吧。

我投資一點錢和其他會員一起種植藥草，之所以會種植藥草是研讀《東醫寶鑑》的關係。我研讀《東醫寶鑑》人文學四年了，在此一過程中，我無意間看見市政府的宣傳單上寫說有四個月免費藥草學習講座，於是我便申請聽課。我早就想要親自認識原本只透過理論而認識的藥草，更重要的是有兩次的現場實習，我想要親眼看看那些藥草且記住藥草的名稱。再加上我心中盤算等老公退休後如果想回鄉下生活，或許種植藥草能讓我們增加一些收入。

藥草教室總共去了兩次江原道進行現場實習，自從進行現場實習後，聽課的人就變得更親近了。我和變比較熟的其他聽課者組成了《東醫寶鑑》讀書社團，而且我是負責人，下學期畢業的人也聯絡我說要一起加入社團，有人提議一起栽培藥草，當中也有曾耕農的人，相信我們會有不錯的表現。

後來志同道合的十個人各自拿出三百萬韓幣投資種植甘草，一開始的計畫是在首爾近郊租地栽培藥草，但必須成為規模經濟才行，領導人提議增加投資金額提升產量且降低生產費用，後來我們很勇敢地決定在高敞租五千坪的土地耕農一年。有人說只要去幾趟就能收成了，這番話也太奇怪了，耕農不是相當費工的事情嗎？後來我抱持懷疑的態度加入了這項計畫。事實上光去幾趟是不可能完成耕作的吧？真是失算，因為對耕農太不了解了，只是一味地以貪欲為優先，但一切都為時已晚，結論就是無法回收資金！

明知道無法賺取任何利益，但我還是無法對我們種植的甘草視而不見，但也沒辦法把心思完全放在照顧農田，後來五千坪當中的一部分採收了。在購買甘草苗木時，販賣商曾說要收購，但收穫後聯絡對方時，對方卻說我們未依照他指示的方式栽培，因此拒絕收購。藥令市場把價格壓太低了，根本就沒有可以販售的地方。

最後把收穫的甘草分配給會員，接下來要自己負責去銷售，賣給認識的人也有一定的極限，我在SNS說甘草已經採收了，後來訂單一個個慢慢出現，因為數量太少了，根本就無法彌補宅配費用與人工費。但基於我一個人根本就無法吃完全部的甘草，銷售是我唯一的選擇。就算是一千元、二千元的收入我也不會拒絕，在此一過程中，電視台看到我上傳至部落格的文章後便聯絡了我，在一個健康節目中播放三分鐘左右，媒體的力量真的非常強大，一個星期內不斷有人來電詢問，甘草幾乎銷售一空，感謝上天！

除了賣甘草以外，我還販售了老家的半乾燥海鮮。剛開始是認識的人幫我賣，但只接過兩次訂單，偶爾會有人看到部落格上的海鮮照片後下單。

雖然收入不多，就算一個月只賣一、兩次又怎麼樣呢？我依舊懷著希望。但冬天時因為窗戶一直都處於關閉的狀態，整個家裡都是海鮮味。夏天時因為太熱了，主婦們通常都不喜歡站在火旁邊烤東西，因此都不會購買海鮮。

是否有其他取得收入的方法呢？就算只是小支出也不能漠視且要試著降低開銷，電費、水費就算一個月只有優惠一百元也要申請自動轉帳，國民年金電子通知書八百三十元×兩個人就是一個月省一千六百元，而且部落格廣告收入是兩個月七百元左右（那筆錢比住在智異山寫詩的詩人一個月的版稅七百元還多。^^）。

退休沒有收入的狀態下若是存款見底的話，連內心都會感到畏怯，販售甘草與半乾燥海鮮時，就算只有一千元、二千元、一萬元的收入，但我很珍惜這微薄的收入。經過投入三百萬資金與搭車往返高敞的車費一百萬的魯莽挑戰後我學到了教訓，也深刻體會到賺錢其實是件不容易的事，栽培甘草時從生產到販售的過程我都嘗試過了，想要住在農村的念頭也因此徹底打消。從嘗試生產到流通整個過程就會明白，就算只是微薄的收入也是錢、這份工作是否適合我，以及必須節省開銷的理由。

提升收入的經驗Tip

就算只是一百元、一千元，重要的是有收入

降低支出就是賺錢

辛苦賺錢的經驗會成為栩栩如生的故事

日薪四萬韓幣，闖紅燈罰金二萬韓幣

老公接到一張二萬元的交通罰單，星期天他的菸抽完，去家裡附近的便利商店時闖紅燈。他說因為那一天是假日，路上的車並不多，所以就疏忽了，恰巧經過的巡邏車就開了他一張罰單。老公拿到罰單後沒有仔細看內容就放進口袋。經過十四天後從口袋拿出來時發現，繳費期限已經是最後一天了，基於如果不快點繳納罰金就得多繳一些滯納金，於是便立刻去繳錢。他在繳完罰金的幾天後才告訴我這件事，因為他很清楚如果直接說，老婆一定會生氣。雖然日後聽到這件事也覺得很難過，但我卻沒辦法生氣。

我對老公的小失誤變得相當敏感，如果不小心多花一點錢更是如此，這次差一點因為罰金二萬元而生氣也是有原因的。

老公每個星期一到星期五下午四點開始工作五小時左右，因為是最低時薪，一天只有四萬元，但扣除往返的車費、午餐費、下班後喝的啤酒錢……在這種情況下二萬元不算多嗎？就算一個星期工作五天，也不足以當作在都市一個月的生活費，但要找到上午有時間讀書的工作太困難了，他已經工作第二年了。

工作的薪水連一個月的生活費都不夠，是怎麼撐到第二年的呢？因為先前的公司有挪出一部分當退休金，幸虧今年開始每個月都能領到一點錢，利用這筆錢補貼後，加上就業的兒子給的零用錢才得以維持每個月的生計。以每天賺的錢來計算的話，繼續這樣真的能維持生活嗎？真是令人煩惱。我自信滿滿地說偶爾進行的講課費用存起來就能支付研究所每學期的學費，老公則是讀書和工作同時進行，因為成績優異得以領取獎學金，聽到老公領獎學金的消息後，我就無法對罰金這件事動怒。

支付二萬元罰款讓我變得很敏感，自從去年搬來小別墅後，我就下定決心要過著極簡的生活。甚至連管理費都省了，但老公卻犯下這種失誤，這就是我生氣的原因。離開前一家公司後，老公懷著看不見未來的希望當了一段時間的無業遊民，後來才又開始工作。生活稍微穩定且熟悉後，就會和以前那段豐衣足食的日子做比較，明明很清楚無法再回到過去的生活，但還是期待收入能比退休前更多，只有這些收入是否能生活呢？讓我一直都處於不安的狀態。

就在那個時期我閱讀了《因病而活》（吳敞熙，bookdramang）一書，閱讀這本書後讓我得以重新思考未來那茫然的期待，作者二十一歲時就罹患風濕，至今四十年間都過著飽受痛苦折磨的日子。病痛的患者身旁有一名長時間給予無微不至照顧的母親，母親於九十七歲時離世，當母親還清醒時女兒曾問說：「媽，這輩子讓妳覺得最難熬的是什麼事情呢？」當時母親的回答讓人相當意外，她說：「期待是最惡劣的東西，明明知道結果，卻還是會忍不住期待，妳要好好讀書，千萬別和媽媽一樣，不要抱存任何的期待！」

作者的母親為了讓女兒的病痊癒，不管是處方藥、韓藥、坊間的祕方等所有好的藥材都使用了，雖然也有在醫院接受治療，但女兒生病四十年間不僅手指變形，膝關節也動了手術。我在老公離職後也滿心期待一切都會很順利，我曾經想要依賴認識的人且有過「只要這次順利的話……」之類的期待，但後來如果不順利的話，就連小事情都會抱怨且深感絕望。《因病而活》作者的母親說過千萬不要抱持任何期待，同時也強調說不埋怨任何人、不抱持任何期待是一門學問。

任何人都會犯錯，我同樣也是如此，儘管如此還是一心期待老公不要犯下任何失誤是一種相當愚蠢的行為，如果因為二萬元的罰金而難過導致健康變差，這種行為反而更加愚蠢。

星期天傍晚時，我們一起去散步，明明沒有急事，但我們卻在紅燈時一起穿越馬路，理由是因為當時沒有車。當下其實心裡有點擔心會不會被交通警察看見呢？若是不幸被罰錢，老公一天的收入就泡湯了。當我們穿越馬路回頭時發現，巷口剛出現一輛巡邏車，（距離我們家一百公尺的地方有一間派出所）內心的不安頓時消失了。我們就像是做壞事被發現的小孩一樣，我和老公互看了一下對方後忍不住大笑了起來，接著便散步去。明明連一尺前的未來都看不見，卻因為二萬元的罰金而心驚膽跳。

不要抱持任何期待的Tip

期待不犯下任何錯誤是愚蠢的行為

若是因為犯錯而傷心導致健康變差，那是更加愚蠢的行為

我們無法預測未來，不要庸人自擾

一個月五十萬韓幣，你在找舒適的工作嗎？

我連續一個星期都在重複點擊申請、取消特殊工作（專門提供給老年人的工作機會），我在50 Plus Center網頁中申請了兩個工作，分別是「福祉服務員」與「殘疾人士設施支援」，這一類的職務每個月工作二十天左右，一個月可領到五十多萬的酬勞。但申請隔天我在網頁上發現，有一個名為「孩童庇佑英雄」的社會企業也在徵人，（並非專門提供給老年人的工作）不過，「福祉服務員」面試的時間與「孩童庇佑英雄」的受訓日是同一天，於是我便取消了「福祉服務員」。就像是高三考生在最後決定選擇合格率高的學校一樣，我也選擇了對我較有利的工作。今年我為何要這樣小心翼翼找工作呢？最近五十歲以上的人找工作的實際狀況怎麼樣呢？

去年特殊工作的職務一個人可申請兩種以上，今年一個人則只能申請一個。我申請的殘疾人士平日照護中心來電叫我去面試，負責人先透過電話向我介紹工作內容，以腦病變障礙、重症病患的成人為對象，須幫忙處理大小便、協助進食，以及提供學習指導和生活指導。剛聽時我有點猶豫，我真的能幫忙處理別人的大小便嗎？我不曾做過這一類的事情……但我早猜到任何工作都會有它的困難之處，於是便下定決心嘗試看看。

總共有八個人申請，聽到工作內容後來參加面試的人只有四個，一起面試的人當中有一名是五十多歲的女性、一名則是六十多歲的男性，不過這兩位已經有在殘疾人士福祉館工作的資歷。五十多歲的女性說自己二十八歲的兒子有殘疾，因此很清楚該如何照顧這一類的人；六十多歲的男性則自信滿滿地說自己照顧他人的經驗非常豐富，所以任何工作都能勝任。當下我認為看來想要合格應該很困難吧！不過畢竟已經參加面試了，於是我決定要勇敢說自己能勝任這份工作。

「妳認為自己在這份工作上有何優勢呢？」

「我會畫曼陀羅、會製作布娃娃，我還有韓食廚師的證照，所以我也能煮料理。」

名額只有一個人，果不其然我落選了，我並未因此而感到灰心，本來認為步行只要五分鐘，真的很希望能夠合格！

而且薪水也比其他地方高，就算要幫忙清理大小便我也能辦到……

平日照護中心落榜後，我再次登入50 Plus Center的網頁申請其他工作，當時我看到

「成人工作支援團」與「健康協調師」，這一類的工作都要接受九〇%以上的教育訓練後才能正式工作，受訓的時間和我講課的時間重疊，所以要滿足受訓的時間有一定的難度。後來心想等面試合格再調整時間吧，於是便申請了。我在「成人工作支援團」選擇第一順位與第二順位的工作，第一順位〈韓國××照顧協會〉是管理部落格的工作。

「我不是經營部落格已經五年了嗎？我有信心！」

第二順位是六十多歲的長者們製作養生食物的地方，這邊我有優勢，那就是廚師證照。

「沒錯，我有廚師證照！」於是我便找出廚師證照掃描，這是小兒子一九九七年去上幼稚園時，我報名料理補習班取得的證照。二十二年來都不曾使用過，已經變成堆滿灰塵且毫無尊嚴可言的證照。倘若我能因為這個證照順利錄取，那大概就是金豬年帶來的幸運吧！拜託至少讓我錄取其中一份工作。

「孩童庇佑英雄」主要是以〇~十歲的小朋友為對象，前往對方的家中幫忙照顧小孩，屬於時薪制的工作。這份工作於上星期面試了，為了和其他參加面試的人交談，我在面試三十分鐘前就抵達面試地點。雖然我自已養了兩個兒子，但卻是第一次照顧別人的小孩，我想聽一下其他人的心得，我猜一定會有具備相關經歷的人來應徵，果然就和預料中的一樣。

面試以三個人為一組，在進去面試前我們互相分享了資訊，有一個人在家教國小數學二十年以上，在文化中心則開設有數學、珠算的課程；另一個人早上在照顧小孩，清晨四點半起床，七點開始在小孩家工作。當他們談起自己的資歷時讓我嚇了一跳，原來大家都這麼努力生活，我卻因為各式各樣的藉口而逃避，頓時不禁感到羞愧。

參加殘疾人士平日照顧中心面試時，主任說去年向申請者說明必須幫忙清理大小便後就沒有人願意參加面試了，今年有八個人申請，聽過工作內容參加面試的則有四個人。這也足以證明五十歲以上需要收入的人變多了，其實光靠講課根本就沒辦法存錢，根本就無法確定何時能夠開課，比起不穩定的工作，我更偏向每個月都有固定的收入，所以才會報名。

去年我把希望都放在講課，一心期待「只要繼續講課，名聲就會傳開，這樣就會有更多的課堂」，但期待卻與事實相反。今年一月和二月都沒有任何收入進帳，最後導致研究所的學費必須透過保險公司貸款支付，畢竟已經信誓旦旦跟老公說會靠自己付學費了，也就沒辦法伸手要錢。老公光是應付我們家的生計與每個月要給母親的生活費就很吃力了，就在我持續找工作的過程中，有一天突然接到陌生的電話。

「請問您是憤怒調適與《東醫寶鑑》課程的講師吧？」這裡是線上事業支援中心，我們會協助您讓部落格置於網頁上端，本來每點擊一次須支付三十元，這次我們只收伺服器管理費，每個月只需要五萬元。

後來對方引導我進入網頁讓我親眼確認顯示於上端的證據，部落格的首頁設置成和官網一樣，不過上次我也有接到類似的電話，當然如果能顯示在上端固然是好事，相信銷售也會上升。但此時我試著檢視了一下自己，單元不夠豐富的狀態下若是不斷地曝光，就會變成身體是西瓜，頭部是香瓜。因為認為自己大概無法承擔，所以我便婉拒了，我對和我諮詢二十分鐘的年輕小夥子（依照聲音推測^^）說：「謝謝您的說明，很抱歉，我不需要。」語畢便結束對話。

我的求職並沒有因為在家點擊按鍵而解決，老公離開公司三年間我擔任講師且因為被稱為「老師」而感到自滿，我只專注於一面，卻沒能看見世界的其他面貌。我重新思考了一下孩童庇佑英雄面試參加者說的話，然後和自己的面貌交疊在一起畫了立體圖面。「清晨四點半起床去照顧小孩，雖然說是賺零用錢，但事實上是需要現金！因為已經五十歲了，所以很容易就疲倦，放棄辛苦的工作，只會耍小聰明而已！」

我為了不做辛苦的工作而將自己的理由合理化，沒錯，我以前是什麼類型的人，以及做過什麼事現在都不重要了，過去需要的是堆滿灰塵的證照之類的吧？如果因為不知何時會派上用場的證照而獲得每個月五十萬元收入的工作，那就是己亥年的豬帶給我的幸運。

想要取得收入必須明白的Tip

身體舒適，收入就會少
許多中年層因為需要現金而做粗工
光憑點擊按鍵無法找到工作

「如果認為這份工作也不賴」，那就算是適當的工作不是嗎？

吃到飽餐廳的食物種類通常都很多，一般都會苦思該挑選哪一種食物後把各種食物裝入盤子，但食物卻沒有鮮明的味道，回到家後都想不起自己吃過哪些食物，而且覺得很空虛。今天去的「新中年三稔博覽會」就是這樣，五十～六十歲的新中年、想要就業的人得知博覽會的消息後便紛紛前來，新中年三稔博覽會在首爾鶴餘蔚站SETEC舉辦，是一項由雇用勞動部主辦，勞資發展財團主管的活動。活動內容是提供生涯經歷規畫、再次就業、轉職支援、創業、歸農歸村相關的資訊，參加的企業會在現場雇用人員或進行就業諮詢顧問。

博覽會大致上可分為兩種，是支援現場雇用和再次就業為目標者的生涯資歷規畫與支援轉職的諮詢，可直接就業的工作是計程車司機、大樓警衛、清潔工等臨時工，全職的工作則要制訂目標做好完善的準備才會有機會。非正職・約聘的臨時工收入並不穩定，由於收入不固定，屬於有領取年金或出租房子領取房租等其他固定收入的人。適合早已做好退休準備或領取退休金、生活穩定的人。

我在兩個攤位進行了諮詢，分別是KINTEX與「×達物流公司」，KINTEX是以京畿道的居民為優先，為了支援京畿道中小進出口企業，篩選具備外文能力與貿易實務優秀的退休專業人力，屬於自由工作者約聘職，若是成功就會給予津貼。

本來認為或許適合有海外勤務資歷的老公，於是便進行了諮詢，但後來放棄了，因為沒有固定和持續的收入，家庭經濟就無法運作，穿著西裝看起來光鮮亮麗又如何呢？「×達物流公司」的工作時間是早上八點到下午一點，每個月有二百萬元的薪水。只要駕駛一噸重的車，公司就會提供營業用車牌，工作內容主要是從平澤或華城運送企業物品。對目前在宅配物流工作的老公來說是值得一試的工作，但必須住在平澤或華城比較適合，如果不搬家的話，上下班花費的時間相當可觀。對住在企業聚集地區附近的人來說似乎是不錯的工作，實際上在博覽會攤位諮詢後會發現，想要就業其實並不容易。

從十二點到一點是午餐時間，是參加廠商的休息時間，這段時間有「50 Plus Center南部支部」的諮詢顧問進行一小時的演說，我試著聽了一下演說內容，講師說的再次就業的三種訣竅是恢復自信、運用經驗、百戰不屈的精神，唯有具備這三項條件，沉重的就業大門才會開啟。另外，內容還提到「最棒的年老對策就是一輩子都在工作」。從演說內容可以看見講師本人為了再次就業所付出的毅力，他說自己以十五戰一勝的戰績開啟了就業之門，他和二十多歲的大學畢業生一樣遇到了許多的瓶頸，他沒有向專門讓人落選的壓迫面試屈服，無論遇到何種困難的問題他都會回答，挑戰精神可以說是令人相當敬佩。透過此一事例，我才終於明白「必須付出這種程度的努力才能找到工作機會」。

之所以會去博覽會，是為了尋找適合老公的職業，以及觀察退休者對於就業的反應。雖然有故鄉朋友擔任老闆也設有大規模的人力派遣公司的攤位，但老公對於轉行沒有抱持太大的期待，若是對某個地方抱持再次就業的期待，最後多半都會以失望收場。但準備再次就業時得先清楚掌握自己想要的是什麼，不管是開計程車或是擔任大樓警衛，只要喜歡且符合自己的意願，對那個人來說就是好工作。

轉職支援課程告訴我們就像是在寒冬外出時只要圍上圍巾就能禦寒一樣，就業時必須事先做好準備。若是就業勞動部準備的吃到飽食物不合胃口，那只要自己準備合乎自己口味的食物就行了。

尋找工作Tip

短期工可立即就業

若是領取年金，就算是臨時工也無妨

若是喜歡且符合自身意願就算是好工作

你已經和想要領月薪的夢想道別了嗎？

只要有資金就能收月租的商住兩用房廣告，雖然廣告內容不能全都相信，但我同樣在兩年前簽約商住兩用房。老公退休後，每個月都會湧出錢的井水乾枯了，當然就該挖掘其他井水。連積蓄中剩下的退休金也全都花在兩個兒子的教育上了，老公沒有挖掘新井水的鏟子（就業需要的技術），必須尋找具備可能性的地方。想要尋找水源區，就只能減少房子的數量。我苦思六個月後終於下定決心，「就換個坪數比較小的房子吧！然後準備一間每個月都能收房租的商住兩用房。」

正巧朋友說自己去參觀過一間小型大樓商住兩用房，雖然距離我們家的車程是一個小時半，但我還是去了。室內坪數是十坪，兩房一廳，窗戶很寬敞，看起來很舒適且採光明亮。

應該很適合新婚夫妻或一個人居住，距離地鐵站四分鐘的路程，但不是住宅區的事實卻讓人很在意。但周圍三年內會開發公園，距離好市多、樂天市場等生活便利設施很近，當時心想應該很容易就租出去，於是便簽約了。

新的商住兩用房交給仲介出租後，很快就有人租了，簽約時有一個部分讓我很煩惱，租客是一名六十多歲的女性生意人。因為公司就在附近，想稍微休息一下時能派上用場，於是便決定租了，但卻有覺得不滿意的部分。不過她自己住的話，房子應該會很乾淨且不會造成任何毀損吧。

但那終究只是我自己一廂情願的想法，房客前面兩個月都很準時繳房租，但第三個月開始就一直拖時間，而且理由非常多。像是自己目前在其他地方、附近沒有銀行而無法匯款等，她一再延誤繳納房租時間的行為實在讓人難以相信她是生意人。

後來明明是簽約兩年，但她住不到一年就說要搬走，得尋找其他房客才行，但卻一直都不順遂。因為對方說急需要現金，拜託我從簽約金中退還她五百萬元，不過相對地也調整了房租。

但她依舊沒有準時繳交房租且一拖再拖，後來逼不得已離開時從簽約金中扣除積欠的房租，我也沒辦法一直去催繳。

好不容易找到新的租客，不過搬家的時間卻和旅行的時間重疊，於是便拜託仲介在租客離開時一定要檢查房子的狀況，雖然委託仲介公司檢查也行，但房東細心檢查才更具說服力。正巧搬家那一天是星期六，老公可以代替我去，旅行前一天晚上我寫好要確認的事項後交給老公，但老公去檢查時卻發生了未能預料的內容，我們拜託仲介公司事先計算要支付的金額，但仲介公司卻沒有先算好，以後我們不會再委託那間仲介公司。

租客三個月沒有繳管理費、天然氣費用，但先前的租客在搬家前一天就把行李搬走了，看見家裡亂七八糟的情況後，新的租客說無法給全部的簽約金。不足的金額則是匆匆忙忙透過保單借款補足，我也無法對新的租客提出任何要求，原本馬桶是免治馬桶，後來拆卸後導致水管無法使用，嵌入式冰箱內部充滿腐臭食物的味道，房間地上則有未清理的外送食物。逼不得已只能請管理員來清理冰箱的食物，這種情況下新的租客怎麼會想要付錢呢？我能理解這種心情，於是我決定等裝好水管且打掃乾淨後再收錢。收房租根本沒想像中容易，往往都會發生一些超乎常識範圍且無法預測的情況。

老公退休後家庭的收入枯竭，我們選擇第二方案購買商住兩用房，因為無法順利就業，自己做生意也很危險。在簽約前諮詢師很努力講解商住兩用房的優點、未來價值以及好處，不過準備入住通話時，對方卻說：「太太您現在已經進入房租市場，大概不容易吧，也有可能會發生傷腦筋的情況。」儘管如此還建議我們簽下另一間商住兩用房，我則拒絕了對方。當房東並不是坐著翹腳就能輕易賺錢的方法。

上星期在50 Plus Center的「生涯規畫」課堂中講師建議說：「退休後要小心千萬別把財務過度投資在不動產！若是想要當房東收房租，那神經就得繃緊一點。如果是貸款的話，沒有收到房租時就得承受支付高額利息的風險，當沒有準時收到房租時，支付利息的壓力非常沉重。我的朋友有一間店面，他是透過競標購買那間店面的，但他連續九個月都沒能順利出租，只好自己支付管理費和貸款利息，好不容易終於租出去，但六個月後卻出售了，他做出決定的速度相當快。」

我們經常在路上看見的廣告都會以「坐著翹腳就能收房租」的話術誘惑人，這是使用讓人誤以為能輕易賺錢的方式誘惑他人，可輕易賺錢的方式是無法隨便傳授他人的祕密不是嗎？如果可以賺錢，早就自己去投資了呀，為何要廣告宣傳呢？通常和廣告內容一樣能輕易賺錢的情況非常少，就如同光明的背後是黑暗一樣，後續有無數必須解決的問題等待著我們。我想要以讓全國國民久違地坐在電視機前的連續劇《天空之城》的修飾版本告訴退休者：「各位真的想進入收房租的世界嗎？那就對眼前的困境有所覺悟，並且完全相信我所說的話。」

投資不動產時Tip

購買不動產就得承受困境

絕對不能因為突發狀況而動搖

天底下絕對沒有能輕易賺錢的方法

已經逐漸和在受限的環境中生存的生活方式一樣

濟州島與北歐的生活方式有共通點，父母親與子女各自生活，從不詢問家中還有多少食物。之所以會這麼做，是一種無論如何都得在殘酷的生活環境中生存下去的方法，若是知道另一方餓肚子的話，就無法袖手旁觀，不動聲色且不過問是他們的一種習俗。我們國家不也是慢慢形成這樣的生活方式了嗎？

退休後，兄弟之間難以詳談家中的狀況，知道了又怎麼樣呢？所以一直都保持不知道對方收入的狀態。雖然有點難看，但偶爾還是有必須說出口的時候，就是協議支付和父母親相關費用的時候。這是發生在婆婆八十大壽時的事，我們家、小姑家、妯娌家決定要回老家，各自準備食物作為晚餐與隔天的早餐。

我準備了炸蝦和韭菜煎餅，小姑準備了燉牛肉排骨，妯娌則準備了雜菜。起初在討論八十大壽時，本來要邀請婆婆的兄弟、老公的叔叔們，但後來婆婆表示不想邀請那麼多人，比起舉辦祝壽宴會，婆婆更想要現金，（為了給孫子們零用錢）所以我們才會決定準備食物去婆婆家聚一下。母親八十大壽要包多少錢呢？我和老公、小姑、姑丈一起討論，最後決定時我和老公兩人則再協調。

雙薪且擔任教師的小姑傳訊息說：「我們不能因為母親八十大壽而去貸款，我老公最近兩個月打工的收入減少了二十萬元，九月有中秋節、十月的假日又特別多，我們家無論如何都不能去貸款，之後根本就沒有餘力償還貸款。」結論就是婆婆的八十大壽紅包會以我們為基準調整。

我們兩夫妻和大兒子一起住，我們家的生活費分為三個部分，三個人一個月需要的居住費和餐費、要匯給在日本讀書的兒子的教育費，以及結婚後至今每個月要給母親的生活費，此外就是出現突發狀況所要支付的錢，這個月老公兩顆蛀牙的治療費我也沒能及時準備，治療兩顆蛀牙花了八十萬元，退休後我們對於突然要住院的費用完全沒有做好任何應對措施。

幸虧大兒子找到正職工作後幫忙負擔了家中的支出，大兒子成為我們家的家長，就算家裡安裝冷氣也是兒子付錢，但另一方面我心中卻覺得很難受。現在兒子也該結婚成家了，我們卻成為他的重擔，心中不禁覺得很愧疚。我不清楚小姑和小叔包了多少紅包給婆婆，我也沒有過問。

我們家的生活方式逐漸變成和濟州島、北歐一樣，起初聽到這樣的生活方式時我覺得很不可思議，也不禁懷疑：「不清楚彼此的經濟狀況也沒關係嗎？」但現在我同樣也採取這樣的生活方式。

在殘酷環境中生存的方法Tip

不要問有幾支湯匙
不要貸款
各自要負擔多少錢都由自己決定吧

五層樓建築物的屋主會幸福嗎？

無論是退休前或退休後我一直都有個願望，那就是成為某棟建築物的屋主！「如果能擁有一間小商街建築物或五層樓的房子不知道會有多麼幸福？如果能擁有某棟建築物，就算不工作也能生活……」大概很多人都曾有過這一類的想像吧？

但事實上真的是這樣嗎？有幾位擁有建築物的屋主接受了訪問，畢竟沒有採訪所有的屋主，內容比較主觀。如果無法完美且客觀地判斷某件事，這一類主觀的內容應該也能當作參考來思考退休後的生活方式不是嗎？

下列內容是我認識的某位建築物屋主的生活，他是我們熟識的朋友、同事，同時也是親戚，許多人都嚮往的建築物屋主。

1. 江南建築物屋主——六十歲退休男性A

A先生繼承了父母親在江南的五層樓建築物，妻子在那棟建築物開設補習班，A還在大企業管理階層工作時，比起經營補習班的工作，妻子對高爾夫球更有興趣。

因為主人疏於管理補習班，收入自然而然就很少，A退休後，沒有每個月固定的收入，兩夫妻發生爭吵的頻率也增加了。因為A要求妻子減少開銷，妻子就說要離婚，甚至煽動丈夫乾脆和年輕女性搞外遇，子女們也為了排擠父親而和母親同出一轍，因為要減少一直以來的開銷、消費模式實在太痛苦了，A配合母親的理由很簡單，因為房子的所有人是父親，他們無法任意變賣，A的妻子離婚後就會向自己要求房子。A對這樣的情況極度厭惡，因此一直不願意答應離婚，雖然住在同一間房子，但卻沒有一起吃飯，彼此之間也不會交談，逼不得已必須聯絡時都是透過手機軟體通知對方。

2.在中小都市擁有五層樓建築物且做生意的五十八歲男性B

B在二十多歲時就進入大企業工作，五年後離開公司於三十多歲時創業，多虧家人經營的公司，讓他一直都有工作。但最近幾年公司的銷售額明顯降低了，因為某企業的產能太差，B的工作量也跟著減少。B因為小時候雙親家境富裕，所以從來都不曾吃過苦，所以沒有打算刻意降低自己的身段，也不想去其他地方營業提升銷售額，一心只想要討拍。

真的會有人聽B訴苦嗎？家人嗎？親近的人嗎？B和B的姊姊二十年前獲得父母親的

贈與，姊姊獲得一間位於江南的五層樓公寓，現在已經變成價值幾十億的公寓了。B在二十年前獲得一間位於其他地區精華地帶的五層樓商街建築物，但目前並沒有人想要收購。和姊姊相較之下如同天與地之間的差異，不禁令人氣憤與忌妒。

那該如何宣洩這股怒氣呢？就算告訴妻子這件事，兩人依舊無法好好溝通，後來兩人便發生爭吵。偶爾他會去包廂式酒吧喝一瓶價值三十萬元韓幣的酒和小姐聊天，不斷地宣洩自己無法獲得紓解的情緒，就算要付錢，他還是認為自己要藉由說話才能舒緩自己的難受情緒。

3. 江北大馬路旁的五層樓建築物屋主—五十多歲男性C

C是家中的長子，一直都住在爸爸四十年前買的建築物當中，他是××代銷商的店主，先前不曾任職於其他公司，只是專注於同一份工作。建築物地下室和一樓當作代銷商的店面使用，二、三、四樓出租，五樓則是和家人一起生活的空間。吃完早餐後下去一樓就是工作的地方，真的很方便，但三百六十五天都會有對身體有害的灰塵飄進來。因為是在大馬路旁，每天都會聽到噪音，以及吸入輪胎摩擦形成的粉塵，考慮到家人的健康，一度曾想要搬家。但代銷商的物品面積太大，找不到合適的地方，若是搬到其他地方，相對地就得支付高額的租金，這樣根本就不划算。雖然夢想是和家人一起搬到安靜的大樓居住，但卻一直沒能實現。

近來由於電商市場趨向發達，代銷商實體店面的銷售額變差，雖然把商品上傳至網路了，但卻跟不上腳步快的年輕世代的行銷方式。因為結束營業就會變沒事做，只能如同習慣般繼續營業。儘管建築物老舊，但因為擁有屬於自己的建築物，就勉強繼續撐下去。

夢想成為建築物屋主的人相當多，像是自己做生意的人、退休的人，甚至幾年前有國小生說自己的夢想是成為擁有建築物的屋主。（最近則變成直播主，過一段時間會變什麼呢……）不管是你或是我都夢想擁有一棟建築物，但夢想往往與現實不一樣，倘若夢想成真了又會不斷地出現令人糾結的情況，隨著歲月老化後就必須整修或出售。

若是附近建蓋更高樓層的建築物，老舊房子的價值就會變差，也有人吸了四十年大馬路旁的懸浮粒子。如果認為「即使如此還是想成為某棟建築物的屋主，希望擁有一棟五層樓的建築物」，那就有機會可以實現願望，但前提是要能忍受一堆傷腦筋和煩人的事情。

想成為屋主必須知道的Tip

成為建築物屋主後要承擔的事就會變多
成為不斷發生衝突的火苗
價值會隨著歲月而改變

利用八種關鍵字檢驗人生後半場

試著想像使用八塊木頭製成的水罐，只要缺少任何一塊就會無法裝水，退休後的生活如果是八塊木頭製成的水罐，那就該檢驗是否全部都很牢固。試著一邊想像八塊木頭製成的水罐且使用八個關鍵字檢視一下人生後半場吧！以至今的經驗與學習為基礎思考的八個關鍵字分別是、工作、家人（朋友）、財務、關係、肉體上的健康、閒暇、精神上的自我管理、家與環境。人生後半場若是不想讓水罐出現缺陷漏水該怎麼做呢？

觀察水罐的脆弱部分，就先看工作吧！檢驗工作與我的眼光是否相符，雖然到處都有工作，但要符合自己的眼光尋找工作並不容易，若是沒有工作呢？如果只是在花退休金的話，一億元很快就會花光！（慘叫聲）就算當月的支出很多，但每個月戶頭的錢進來時就會想著「反正還會有進帳」，對於退休完全沒有真實感。若是沒有收入（財務不良的狀態），就會變成因為乾旱而枯萎的樹木一樣，重要的是最好在枯竭之前工作。就像是沙漠競賽中總是在口渴前規律喝水的人就能撐到最後一樣。

工作能將社會與我們連結在一起，具備超越繩索以上的意義。若是沒有工作，夫妻之間就會經常發生衝突，也很難像年輕夫妻一樣夜晚時在棉被中和解。工作之所以會擺在八個關鍵字中的第一個，也代表其重要的程度，就算有退休金或其他收入，生活也要有工作才會充滿活力。

家人、朋友、人際關係中互相尊重彼此的私生活，打造各自喜歡的場所，一邊學習有興趣的事物一邊認識各式各樣的朋友。舉例來說，在50 Plus Center學習就能認識朋友，一起讀書就會成為競爭者，同時也能成為朋友和互相幫助的關係。而且不會看對方的智慧型手機，也不會問是誰傳訊息，與其把時間耗在管理另一半的私生活，還不如花點時間增加自己的人脈，每個人都有屬於自己的私生活。

休閒時間該如何度過呢？你是否將閒暇時間視為玩樂的時間呢？如果無法每天玩樂的話，那就以不同的角度思考一下目前為止的行動吧。

通常我們會稱三餐都在家吃的男性為「三食男」，如果是三餐在家吃飯，三餐都很會自己下廚的男人呢？在家都會為了家人準備飯菜，若是實力不足的話，參加「爸爸料理教室」學習後如同特殊活動時一般替家人準備飯菜吧！若是家人稱讚你的廚藝很棒，那就可以編成一個故事行銷。舉例來說，「老婆的廚藝非常差勁，一直到退休前為止都在忍耐，但現在我要自己學料理下廚！我（丈夫）現在的使命是替家人準備健康的家庭菜」這一類的故事也很不賴吧？

試著進行精神上的自我管理！退休夫妻需要「分開或一起」，獨自一人的時間互相都不能干涉，是自己休息或創造的時間，但偶爾一起進行共同的興趣則能增加彼此之間的對話。老公是BTS防彈少年團的粉絲，只要防彈有新的MV，他都會在Youtube搜尋瀏覽，無論是印尼或是祕魯等世界各個地方上傳的防彈少年相關影片他都喜歡觀看。參加五十多歲男同事的聚會時他主要也都是在談防彈少年，他已經變成一名將防彈的感性傳播給大叔們的傳教師，大概是認為自己一個人欣賞太可惜了，我在寫文章時他也會找我一起看。偶爾我會當作是一種獎勵，跟老公聊一下我看完的感想，這種時候老公都會覺得很開心。

人生後半場時，退休的夫妻要依照自己能承擔的程度選擇住家，如果是許多人喜歡的社區就代表它有很多優點，若是不需要放棄優點，建議繼續住下去吧。盲目地換成小房子並不是最好的選擇，如果收入夠的話，誰會放棄寬敞的房子呢？自從搬來小房子後，兒子從日本回來時就沒辦法舒適睡覺了，因為房子狹窄，沒有多餘的空間擺放書籍也成了一個很大的問題。邀請認識的人來家裡時都只能把食物放在大碟子上，而且也沒辦法聊太久。

我最近常在Youtube觀看介紹庭院住宅的影片，影片中的住宅很寬敞和乾淨，草皮也整理得很好，就像是一幅圖畫。不過主人卻要搬家且出售那麼漂亮的房子，為什麼呢？居住地搬到鄉下就必須改變價值觀，而且精神上也必須成熟到能夠承受孤立感。

如果環境受限於居住地點，也要依照自己的生活風格而定。如果本人喜歡去各種不同的地方學習或工作，交通就很重要，若是位置太過於郊區，往返需要的時間就會更多。我經常都需要借書，所以住在圖書館附近，但因為是悠久的市中心地帶，偶爾外出用餐時會因為餐廳選項太多而難以選擇。

不過畢竟是在首爾中心，往東南西北都很方便，交通便利真的很好。

夫妻在人生下半場想要過好一點的話，八個關鍵字都很重要，但更重要的是經濟上要獨立。只要各自大喊「經濟獨立萬歲」，就能維持一段健康與堂堂正正的關係，試著尋找賺錢所需要的線索吧！試著加強自己平常擅長的事情，然後讓它成為賺錢的工具吧！擅長的事情包含照顧小孩、教育、寫文章、旅行等相當多種，只要進行自己喜歡的事情，起初算是奉獻個人才能，但慢慢地卻能夠賺取五十萬元至一百萬元。不過，退休後若是想賺大錢或是出名的話，可能會出現失去健康或遭受詐欺的後遺症，最好小心一點！

尋找符合自己能力的工作的方法？只要試著檢視自己就能創造機會，我知道一個把自己平常擅長的事情變成賺錢工具的事例。朋友M連續十年間都在照顧婆家與娘家四名罹患失智的父母親，她一直都是家庭主婦，老公經商失敗後她便在苦思自己能做的事情，後來她終於發現了。「我在照顧四位父母親，我擅長的事情就是照顧他人！」於是她便利用此一優勢開設殘疾人士福祉館，她利用照顧罹患失智老人的資歷來吸引客源，後來她照顧殘疾人士的收入成為支撐整個家庭的經濟來源。

carpe diem（此一拉丁語的意思是活在當下）！只要當下過得好就能開創經濟獨立的道路，檢視一下自己的八個關鍵字是否都很堅固？若是太弱的話，那就試著在更近的位置觀察自己，相信就會發現能變身的「自己」。

檢驗人生八個關鍵字Tip

加強較弱的部分

將自己喜歡的事情和賺錢搭上關係吧

夫妻各自在經濟上都能獨立

錢少卻能快樂生活的祕訣

第5章

左右五十歲後人生品質的要素？

亞洲盃足球決賽日本與韓國因為○：○平手而進入延長賽，晚上十二點左右回到家的老公告訴我這件事，我自己一個人時不太看電視，所以並不清楚這件事。也不會因為有足球比賽而特別打開電視，因為比起觀看足球賽，今天要寫的文章更重要。寫文章必須輸入的東西相當多，為了輸入相關的內容，我上午在市立圖書館聽了《現在哲學的巨匠》的課程。今天是八堂課中的第一堂課，課程名稱是幸福哲學家埃里希・弗羅姆的《占有還是生存》，我和七年前讀書會的朋友一起上課，一起讀書的朋友關於書的交談內容也很多，也因為這樣我們能持續維持關係，那麼退休的夫妻該怎麼做才能改善關係呢？

我們兩夫妻在相親後見過三次面就結婚了，只花了三個月的時間就結婚，因為雙方家長都認為自己的兒子和女兒年紀大了，所以才會想快點完成婚事。但我是以什麼標準和只見過三次面的男性結婚的呢？我選老公的第一個條件是，聲音必須充滿自信；第二，必須具備幽默感；第三，必須要能溝通。老公符合我的三項標準！

或許因為是業務的關係，老公的聲音充滿自信，幽默感的部分則讓人有些懷疑，自己認為好笑而說出口的話，卻讓對方很難判斷它是否算是一種幽默。老公從三十多歲開始就喜歡大叔式幽默，讓人覺得有些傻眼，雖然我還是會笑出聲音，該說是一個不小心可能會誤解為「那是在諷刺我嗎」的搞笑方式嗎？因為顛覆常理且複雜，初次聽的人大概無法理解，那是一種讓人無法理解意思且不管露出何種表情都很尷尬的搞笑，不過想搞笑所付出的努力值得嘉許，於是我將老公視為是具備幽默感的人。第三，之所以會說我們兩個能溝通，意思是他會閱讀書籍且能和我交談。

和老公相親見面的第一次，他借給了我從閣樓拿出的書，那是一套共十本的漫畫，他把當中的五本借給我。老實說我不看漫畫，當時我住在首爾，老公則在釜山，一個星期後為了把漫畫還給他，我們又見面了，而且他又借書給我。這次是賽珍珠的英文原文書，英文原文書？傻眼，我根本就看不懂，因為有七〇％是不知道的單字，必須一直翻字典，所以我根本就不想看。為了還書，我們約在中間的位置大邱見面，因為書而見面，但我們的話題卻沒有談到書，就這樣一起度過了一個熱情的夜晚（總之書成為我們結婚的媒介^^）。

我們兩個確實都很喜歡看書，但閱讀的方法或領域不同，老公退休後因為沒事做而徬徨時，我們兩個便開始一起讀東洋古典文學。老公有兩年的時間都在研讀《周易講說》、《宇宙變化的原理》、《周易的科學與道》這些艱深困難的書，閱讀時邊作筆記邊尋找漢字，後來找到了自己喜歡的領域。當時我建議說：「與其自己讀書，要不要去大學東洋學系以有系統的方式讀書呢？」於是他便決定去讀，目前已經在東洋學系第三年了。

或許有人會問說：「夫妻兩人都在讀書是你們自己的事情耶，我們兩夫妻不適合，有必要刻意去讀那種傷腦筋的書嗎？」沒錯，我並不是要大家都去讀書，而是最好能尋找兩人共同的興趣。我們兩夫妻在退休後連交談都不容易的情況下找到了共同的興趣——讀書，如果和《沒錢的情況下活到一一一歲的話？》一樣活到一百多歲，金錢上要一直維持充裕並非容易的事情，有多少夫妻每年都能去國外旅行呢？我也無法建議夫妻一定就應該要親密相處。

如果能一起觀看和享受足球賽，相信就會旺盛分泌腦內啡，久違的因為看足球很激動，喝完啤酒後可能會在棉被裡面更火熱。但我因為要寫文章，沒能陪老公一起看足球。

哈佛大學幸福研究所七十五年間以七百個對象追蹤調查，結果發現「良好的關係」對於人在五十歲後左右幸福與生活品質的程度高於金錢或物質。「良好的關係」應該也包括雙方能溝通的部分吧？退休後尋找不會厭倦的生活方法，讀書只需要投資幾本書，算是一種CP值高的選擇，書隨處都能找到，而且附近也有許多圖書館。

五十歲後的人生品質Tip

增加夫妻交談的共同分母

開發不會厭倦的生活方法

「好的關係」會左右生活的品質

就算三餐都在家吃也好，如果有工作的話？

偶爾我們擔心的事真的發生在現實中，以前金宇中的「大宇」消失時對我們家（正確來說是我們家的收入）並沒有造成任何影響，只是知道發生了這件事而已。但一直到老公的公司消失不見後，我們才深刻體會大企業也會倒閉的事實。老公在公司消失之前就被迫名譽退休了，在我們的股票消失不見後才切身體會到。

公司解散至今已經兩年，年輕職員都到業界的其他公司，不過四十歲到五十多歲的次長、部長級經過兩年了卻依舊沒能找到工作。四十歲後半段與五十歲前半段名譽退休後就不會有自己想要的合適職位，要靠什麼維生呢？

五十歲就很難找到新的工作，也很難守住以前的工作，這一類的現象並不是僅限於公司職員而已。

作家D寫了幾本小說，最近出版社提議要先支付版稅（錢）和簽約，但後來因為簽約金條件不符而拒絕了。出版社因為要承擔風險，所以價錢喊得很低，以作家的立場來看時則認為那種價錢根本就沒辦法接受。

另一位朋友G是一名自由工作者教練，G最近透過人脈接到工作，工作內容是指導學生，但他拒絕了。因為星期一到星期五每天都要被綁住五小時，每天要指導五小時讓他覺得負擔相當沉重。

我很想對身為自由工作者的朋友說：「沒有工作還需要挑嗎？當然任何工作都該接呀！」他要工作或是不工作都與我無關，我想建議他任何工作都該接的多管閒事本能發作了，當事者雖然看不見問題所在，但周遭的人卻看得一清二楚。有工作上門時如果拒絕，下次工作就會慢慢變少，因此我很想插嘴說：「至少手上要有工作，之後才會陸續有其他工作上門不是嗎？」因為我很清楚靠自己的力量解決食衣住相關問題的重要性。

經濟上的獨立會解決衣食住的問題，並且成為與社會之間的連結鍊，儘管如此也無法忽略本人的意願且隨隨便便就說出：「去做！不要做！」之類的話。

站在本人的立場大概認為：「我的身價多少，怎能因為那一點錢去工作呢？酬勞相較於時間與努力顯得太微薄了！」或者是認為不能因為這份工作而錯失其他的機會。但是在該領域出現了新的人物，技術如果一直不使用就會生鏽，若是拒絕對方兩次就會在那份工作中變成被遺忘的存在。如果有人約我喝咖啡，我一定不會拒絕第二次，而且一定會準時赴約，因為只要拒絕兩次，該聯結網很容易就會消失不見。

退休後就會和自己原本隸屬的社會隔絕，若是不再次和社會聯繫就會難以生存，老公退休後的那幾個月，一整天電話都沒響的日子相當多。唯有展開行動才能與社會聯繫，所以老公兩年沒工作時我不斷地嘮叨叫他去工作，不管是拐彎抹角的方式或是毫不掩飾的方式都用過了。

因為實在太鬱悶了，於是我很努力瀏覽了雇用勞動部的網頁、saramin（人力銀行）、jobkorea（人力銀行），但卻沒有從大企業名譽退休的五十五歲左右男性適合的工作。就在我們發生衝突的那段時期，小姑邀請我們參加他們的喬遷宴會，於是我們便搭乘〈無窮花號〉前往安東，小姑以妹妹的立場很輕鬆自然地問說：「哥，現在就算是加油站你也該去工作吧？你最近在做什麼呢？」其實這句話我早就想說了，但卻一直遲遲說不出口。老公則假裝沒聽見小姑說的話，不對，大概是不知道該怎麼回答吧。

回到首爾後，正巧一起種植甘草的會員來電說：「妳老公最近在做什麼呢？」

「讀書，他會去正讀圖書館，也會在家讀書。」

「我希望他能和我一起工作，妳可以跟他說一下嗎？」

「請你親自跟他本人說吧，身為妻子的我不太方便。」

後來那位打電話給老公，然後兩人就在一起工作了，聯絡網就這樣聯繫上，老公便開始在搭乘地鐵車程一小時三十分的宅配物流中心工作。下午四點到晚上十點都在從事宅配的相關工作。

雇用勞動部無法替我們找到工作，但透過種植甘草認識的朋友（年紀和老公一樣）幫忙解決了這個問題，當然朋友提議時，若是認為不適合可能也會拒絕。

宅配的工作一天要走上一萬步且要搬運沉重的箱子，是一種連續好幾個小時都無法伸展腰部的辛苦工作，老公已經五十多歲了，在開始不同於先前管理職務的粗工後獲得了三項好處，那就是無言修行、瘦身，以及餬口。

首先，無言修行是因為工作忙碌根本就沒機會說話，現在沒有時間和以前一樣對他人下達命令，現在都不是出一張嘴，而是由自己付諸行動。瘦身是因為每天工作都要走一萬步以上，時間久了自然而然就變瘦了，遊手好閒時每天去附近公園跑四公里也一直沒有變瘦，但自從在物流中心工作後瘦了八公斤。夏天時如果不把擦汗的毛巾圍住脖子就無法工作，因為會依照工作的時數給週薪，我們要利用那筆錢餬口，並且負擔部分的生活費。

老公平常都是八點半吃早餐，午餐是蔬菜便當，晚餐則是十二點左右回到家才吃。

每天向外出賺錢的老公打完招呼後我便開始準備早餐，只要有工作，就算是三餐在家吃也無妨！三年前我曾因為實在太鬱悶而去算命，算命師說老公只要在低階位置工作幾年就會受到許多人的尊敬，尤其會先獲得最親近家人的尊敬。

聯繫工作的Tip

有工作上門就一定要接
就算是與過去完全不同的工作也沒問題
工作後獲得的好處很多

退休後會考證照工作嗎？

我和非常熟識的P先生進行專訪，P先生五十歲左右時以軍官的身分退伍了，在軍中時因為對「（棲息地）建蓋愛的小屋」非常有興趣，於是便學了木造建築，因為不僅能進行本人喜歡的義工活動，同時也能累積經驗。不過，實際上在建築現場工作後發現，蓋房子需要一定的體力和體格。他每天清晨都會打網球，因此具備一定程度的體力，但搬運椽子和大型木材的工作對他來說太困難了。

後來他找到非搬運大型與沉重木材的其他領域，退伍後在技術教育院學習貼牆紙技師，取得證照後有一年的時間和妻子一起在考試院周圍一起貼牆紙。但貼壁紙的工作除非隸屬某一個組織，不然幾乎很難取得工作機會。

後來他又在另一間教育院學了一年的家電產品保養技師，也取得了水電技師、電機技師、能源管理技師的證照，但都沒有順利應徵上工作，服務業通常都偏好年輕人，而且管理者四十多歲，要使喚一個五十多歲具備證照的人讓他覺得很彆扭，因此不想一起共事。

證照多卻很難找到工作，這就是退休後的現實，不過畢竟機會是給準備好的人，P先生具備帶領軍隊的組織管理資歷，以及多張實務技師證照，是難得可貴的人才，補習班看過取得證照的人的資歷後便幫忙推薦工作。畢竟P先生有三張以上的證照，於是飯店便叫他去擔任設施管理所長，於是他便在首爾市區的飯店擔任六個月的設施管理所長。或許是建築物不良的關係，每天都有非常多的事情要做，也因為這樣他開始煩惱是否該繼續做下去。正巧飯店更換業者時通知說會另外派管理所長，雖然沒有換實務技師，但所長卻被換掉了，他逼不得已只好離職。

P先生退休後有七年的時間都在努力考證照，在挑戰多個證照後實際嘗試了相關業務，但都賺不到錢或是太累了。因此他開始尋找有意義的工作，並且苦思為了弱勢族群、無法獲得鄰居援助的人該做什麼事情比較好，所以他考了禮儀師和行政書士的證照。

之所以會考禮儀師的證照，是因為想要幫助多文化家庭與外籍工作者，外籍工作者於工作過程中受傷或身亡，無法按照正常程序舉行葬禮。行政書士則能協助外國人辦理進出國相關的行政業務，而且能幫助弱勢、流浪漢、繭居族、孤獨死的獨居四十歲、五十歲鄰居。最近他在進行數位葬儀社的課程，這份工作可在家進行，P先生指導無法外出上下班的人兼顧家事與生計的方法。

五十歲後離職幾乎無法找到穩定與持續的工作，最長頂多六個月至一年，老公退休後我也考了很多證照，我收集了花茶指導師、憤怒調適指導師、語言調適指導師、人性指導師、心理指導師、性格指導師證照且整齊地放在書架上，還掃描儲存在電腦資歷檔案當中。（何時會派上用場呢？該不會只是占電腦容量而已吧？）

但幾乎沒有實際工作上使用的證照，取得證照也並不代表馬上就會有工作，更難和金錢扯上關係，在該領域長時間工作若是沒有實力與資歷就無法賺錢，就會成為協會中幫助買賣證照的助手。

就是協會講師與設立協會的人開創收入求生存的結構，本人秉持想做這份工作的信念且拚命努力個十年也不一定能賺到錢，然而，汲汲於各種證照考試且幻想證照總有一天能派上用場的行為是一大禁忌。

和P先生進行專訪時我再次深刻體會到，在交談的過程中我發現了自己與P先生之間的共同分母，那就是五十歲後在精神領域和物質領域都必須同進退才行。P先生在精神領域配置了六〇％，強調唯有精神引導物質領域，退休後才能擁有健全的生活。我認為精神領域和物質領域須共進退。

退休後不管強調幾次都不為過的是什麼呢？必須銘記在心若是追求物質領域的金錢，事情就會變不順。就算賺了很多錢，若是周圍沒有可以交心的人，生活就會變得很空虛。如果一味地專注於金錢，辛苦栽培長大的孩子會淪落為一心只想得到父母親的財產，而不會想要去開拓自己的人生。

退休後是否想挑戰證照執行實務呢？試著想像在一百公尺競賽中和年輕人一起賽跑的情景吧！就算沒有累死，大概也會昏厥吧！畢竟雙方的體力根本就無法相提並論。

五十歲後須尋找體力與精神可承受的工作，在人生的冬天時比起工作賺錢，不是更應該要尋找可分享智慧的工作嗎？我想這就是孔子所說的明白上天賦予的命運，也就是知天命。

準備證照時該思考的部分Tip

證照無法保證工作

若是追求金錢，生活就會變空虛

物質領域和精神領域的均衡很重要

錢少也能快樂生活的祕訣

東大門圖書館可坐滿八十個人的視聽教室，每星期六下午一點舉辦的演講座無虛席，若是晚到五分鐘就得在沒有椅背的椅子撐一百二十分鐘，聽眾的年齡與性別相當多樣化，從十幾歲的高中生到八十歲都有，還有幾對七十歲以上的夫妻，也有和朋友一起來聽演講的人。

演講每季有八場，雖然會改變主題，但內容幾乎是哲學和古典。圖書館距離我們家步行五分鐘，我就當作是吹吹風兼每個星期六開心去聽哲學課，我會將演講內容做筆記列印後閱讀，但無法理解的內容卻很多。不過比起演講內容，八十個人當中六十歲以上的聽眾更吸引我的注意力，他們為何會聽這一類的哲學課程呢？

這一季的哲學演講是《東西現代哲學的巨匠》、《占有還是生存》的埃里希・弗羅姆、《機械複製時代的藝術作品》的班雅明、中國啟蒙哲學家李澤厚、綜合東西哲學的韓國哲學家李準模、《生命政治的誕生》的米歇爾・福柯、賈克・洪席耶、喬治・阿甘本等，八名哲學家當中一半以上都是我沒聽過的陌生哲學家，我猜我前面的聽眾大概也對這些哲學家的名字很生疏吧。

我真的非常好奇，如果我是圖書館的工作人員，我很想做一下問卷調查。（我在第一堂課自我介紹，下課時則分享了感想）真希望八十名聽眾能介紹一下自己來聽哲學課的理由，課程結束後偶爾會有人提問，我才知道聽眾有網路漫畫作家、講師，以及喜歡讀書且研讀人文學的人。有幾個人邊聽演講邊把內容輸入筆電。

有一名年約八十歲的男性在兩個小時的課堂時間中都在打瞌睡，而且肩膀幾乎快碰到隔壁的人，途中突然醒來就會抄下講師寫在黑板上的英文，從他寫英文相當流暢這一點來看，我猜他年輕時應該經常接觸文章。

其他人在聽哲學課時都不清楚該如何運用在生活當中，但我聽哲學課後會運用在我的課堂當中，這是學習、熟練與指導的良性循環。我自己讀書時不太懂哲學家所說的艱深概念，在聽完哲學課程後會依照我知道的內容向我課堂上的聽眾進行解說。憤怒調適課程中有很多六十歲以上的男性，我在課堂內容中添加了人文學的反思，在最後一堂課發表感想時有人反應很喜歡。

聽完課走在街上時，前面六十多歲的夫妻在討論課堂中提到的埃里希・弗羅姆，夫妻一起上哲學課和交談的情景，這同樣也是退休生活的一部分。退休並不代表無處可去無事可做，試著尋找自己喜歡的事物吧！櫻花慶典、賞楓、登山都是不錯的選擇，但讀書也是非常有趣，不管有沒有錢，到處都能找到快樂。

很多人都想邊做自己喜歡的事情邊度過老年，但卻認為手上的積蓄不夠，加拿大有一名上班族為了紀念退休而買了一張彩券，後來很幸運地中獎了，他很開心自己因此有了一筆退休資金。那種事也可能發生在我身上嗎？機率幾乎是〇，因為錢多就隨心所欲做自己想做的事情嗎？確實有人曾這麼做過。

馬庫斯・佩爾松將自己製作的遊戲賣給微軟獲得三兆後就退休了，他在比佛利山莊購買了大豪宅且享受超奢華的晚餐，並且買下自己想要的一切東西，以及嘗試過想做的一切事情。不過五年後他離婚了，然後在自己的推特（Twitter）上寫「我並不幸福」，就算他每天晚上舉辦數億元的派對，他依舊覺得孤獨且生活一點都不快樂。到底他的人生少了什麼呢？

他算是證明了人生的樂趣並不是完全建立在金錢上吧？

許多退休者都想要在經濟沒有負擔的狀況下享受老年生活，研讀哲學不需要任何費用，透過哲學接觸多元化的觀點，並且明白對於物質豐足的無止境慾望並非人生的全部。

聽完哲學課後，我因為很喜歡，於是有好幾次都試著勸老公一起去聽課。但老公卻沉迷於防彈少年團不願意一起來圖書館，反而是竭盡所能說明和企圖讓我理解防彈少年團的厲害之處。假日時Youtube對老公來說就像是蜂蜜罐一樣，他也有屬於自己的興趣，這一點我認同！

就算錢少生活也能充滿樂趣的方法Tip

尋找自己喜歡的學習

讀書能讓交談內容變豐富

研讀哲學是共度老年的好方法

透過理財規畫諮詢化解茫然的不安

買房子時我們選擇了陽台和倉庫都很寬敞的房子，倉庫裡放了不常使用的物品，因為要搬去小房子，於是便藉機整理一番。老公在職場上使用過的文件和名片超過二百張以上，退休時認為文件可能還派得上用場就留著了，但後來就沒有再看過內容。準備搬家時老公卻因為對資料還留有眷戀而無法扔棄，但也只能承認從來沒有人撥打過名片上的電話號碼。退休後搬家是整理過去的一種方法。

我拿出放在書桌抽屜的銀行存摺，看見存摺裡的三萬元頓時覺得好開心！因為最近我們都在使用網路銀行，所以都不太看存摺明細，整理後如果發現不常用的存摺裡有二～三萬的餘額就會像中樂透一樣開心。

我就像在抽屜中挖礦脈一樣認真瀏覽了存摺和保險證券，一年內可領回的保險就像是撿到金塊一樣，某些保險商品設定為自動轉帳，我並不清楚何時能領到錢。

退休後確認自己的財務狀況是最重要的一件事，我在50 Plus Center進行生涯規畫七大項目當中的財務規畫，就是在人生一百歲時代檢驗老後的生活規畫，我確認了我們家的經濟狀況，首先，我五十六歲、老公五十九歲，老公如果六十五歲時領國民年金就得等七年的時間。老公領到的退休金全都花在兩個兒子的學費和生活費，進行生涯規畫前得先了解現在的狀況才能制訂戰略，必須檢驗動產和不動產才能想辦法確保生活費。

我試著了解老公能領的國民年金和個人年金保險的金額，老公在上一個公司工作二十七年且持續支付國民年金，七年後領取一百萬以上。我另外有在繳納國民年金，預計可以領接近二十萬。個人年金保險與不動產加起來的一點錢可當作六十五歲以後兩夫妻的生活費，原本對年老後的生活有一股莫名的恐懼感，經過檢驗後心情頓時變輕鬆多了。

諮詢後不禁認為如果時間能長一點就好了，兩個兒子結婚時該如何支出才算聰明呢？退休後收入減少了，父母親的養育費、醫療費和療養費呢？到處都是紅色警示燈，明明必須協議負擔的方式，但夫妻倆卻將需要的交談一拖再拖且沒有經過充分的商量。

從陽台寬敞的家搬到小房子時也是認為這是唯一的方法，本來還在質疑「真的可以繼續這樣生活嗎」，後來搬家也成為整理此一心情的一大契機。高爾夫球桿被送去垃圾場了，兒子的小提琴、電子琴、黑膠唱片、CD、錄音帶、球棒等和兩個兒子休閒時間與培養文化素養時的物品遇見其他主人了，和家人擁有共同回憶的物品消失後，心中頓時湧入一股連記憶都被抹滅的空虛感。孩子們玩的物品都有它各自的故事，而且也蘊含了我們家專屬的回憶……

在搬去小房子之前，我在整理物品時一直很擔心「那麼窄的地方要怎麼生活呢？」，另一方面也覺得非常惆悵。人生在世當然會遇到不方便的時候，因為小房間裡擺放了許多書，所以要拿書相當不方便。客廳沙發也很難同時坐三個人，家中如果有人來拜訪，根本就沒有地方能舒適地交談，儘管如此還是得住在這間小房子。

退休後進行生涯規畫的好處是什麼呢？能夠以客觀的角度檢視自己，在進行生涯規畫時我突然有個想法，「為何我會擔心未來呢？」會不會是因為假設連擔憂都捨棄了就會覺得太空虛，所以才會庸人自擾呢？生涯規畫是一種透過諮詢的鏡子客觀的審視生涯，同時也是做出取捨且減少無謂後悔的作業。在完成一年一次家中物品的整理後，為了進行生涯規畫諮詢，我在手機日曆中輸入了行程。

檢驗財務狀態的好處Tip

透過財務諮詢化解莫名的不安

客觀審視自我

減少後悔

若是實現購買庭院住宅的夢想，接下來該怎麼做呢？

南向客廳一整天都被陽光照射，坐在客廳沙發能看見大海，後院則有萵苣和茼蒿，還有山櫻桃和葡萄樹，春天和夏天時可摘來食用。這是南海岸小島的前院住宅風景，不是我住的地方，但只要靠著點擊畫面就能欣賞這樣的風景。最近Youtube中也會播放一些讓人體驗退休後住在前院住宅的影片，利用無人機影片可從主臥室眺望房子的外觀，我沉浸於觀看前院住宅影片的樂趣，但後來腦海中卻浮現一個疑問，為何那麼漂亮的房子住兩年就要出售呢？是有什麼問題嗎？

南海岸新建的前院住宅甚至還有快艇，走五分鐘就能抵達海邊，若是天氣允許，甚至還有隨時都能使用的汽艇！這不是喜歡釣魚的男性夢想中的情景嗎？這樣才能成為充滿魅力的男人，假設年輕時夢想退休後能住在海邊，假設想要靜靜釣魚且家中有農田可種植有機蔬菜過著自給自足的生活，夢想很快就能實現，如果透過不動產就能更順利達成目標。

實現夢想的另一個方法就是建蓋想住的房子，設計與建蓋長久以來夢想的專屬房子，在庭院種植草皮打造綠意盎然的草原且種植果樹，廚房依照妻子的想法設置中島和容易收納的家具，同時擺放一般冰箱和泡菜冰箱讓便利性更上一層。散發腥味的海鮮與五花肉在輔助廚房烤著，這樣腥臭味就不會充斥整個家，也不會充滿油膩感。透過這樣的計畫來實現夢想，我們夫妻曾經也有過這樣的夢想。

老公的故鄉是南海岸的海邊，朋友或後輩都住在故鄉，老公有一名很熟的後輩是釣魚專家，無論是海釣需要的潮汐時間表，或是各個海洋區域的魚種，他的腦海中存在著幾近完美的繪圖。老公退休後和該名後輩一起搭船去釣魚，因為有區域型釣魚專家陪同，所以抓到了很多海鮮，那一天老公將自己的夢想告訴了該名後輩。

「××，我要不要乾脆回故鄉把釣魚當作主業呢？」

「哥，買一艘船靠捕魚維生也不賴，你就試試看吧！我會幫忙你。」

其實老公從四歲開始就很喜歡釣魚，當時他們家在碼頭附近，從小坐在海邊看著大人釣魚長大。但十七歲就讀高中後就到外地生活了，所以他對大海已日漸陌生。買一艘釣船和後輩一起共事也是不錯的想法。

後來老公便積極地去探聽釣船的價錢，沒想到一艘船要上億元！船隻和捕魚全包含在內共要好幾億（具體數字依照當地情況而不同，沒有標示）。不過我們卻沒有現金投資，購買釣船不是興趣，而是要投資好幾億的事業，已經遠遠超過單純搬回故鄉維生的水準了。在那之前腦海中曾浮現一個茫然的想法：「老公如果買釣船度過晚年的話，我就靠使用工具挖牡蠣和花蛤維生就行了呀！」我本來以為在故鄉和大自然共度晚年並不困難，不過聽到釣船的價格要上億就退縮了，我放棄挖花蛤和利用釣船捕捉活魚製成新鮮生魚片的夢想。

Youtube中看到的前院住宅是一種夢想，建蓋那棟房子的人實現了年輕時描繪的夢想，其實我迷上介紹前院住宅的影片，幾乎每天都在觀看，雖然那是別人的房子，但卻很吸引我且讓我很想住在那種房子。有別於首爾，南向寬敞的窗戶加上輔助廚房，不知道會有多麼便利呢？不過我試著冷靜的思考，為何屋主會出售那麼棒的房子呢？基於好奇我便再次詳細觀看內部，（我幫Youtube ××不動產電視提升了瀏覽次數^^）寬敞的客廳設置有最新型的歌唱機器、大型壁掛電視、室內運動器具、高爾夫球桿兩支（夫妻用球桿），除了主臥以外還有小房間，但卻沒有子女一起居住的痕跡，那是以兩夫妻為主軸生活而建蓋的房子。不過兩夫妻要清理三十坪的房子和管理草皮庭院會很輕鬆嗎？六十歲、七十歲

後要管理家裡大概不容易吧。（我們家十六坪的房子偶爾才打掃，至於幾天打掃一次則是祕密^^）

還有一件事值得注意，那棟房子裡沒有任何書本和電腦，書是獨處時打發時間的最佳好友，當然也有錄音機和電視，但相較於被動接收，閱讀是一種讀者為主體的積極活動。

另外，閱讀時會有一種讓人忘記時間的吸引力，電腦則是讓我們和世界相接的網子，（功能與智慧型手機不一樣）透過電腦可找到與區域社會相接的通道。畫面中顯示的前院住宅具備便利設施，也能盡情地打高爾夫球，但看起來卻和無人島沒兩樣。

若是生活在前院住宅，就必須具備能承受獨處時間的堅強精神力，平常必須過著就算身旁沒有其他人也不覺得枯燥乏味的自足生活。

若是搬到前院住宅生活，就必須創造符合那個地方的新關係網，以前的朋友雖然會來問候一下，但慢慢地就不會再來了，當然大概會使用通訊軟體傳訊息說：「我好想去那邊，真羨慕你」之類的話。

這種時候就需要新的關係，若是缺乏認識鄰居、參加同好會活動、義工等社會關係網與社會支持，就會產生「為何我要住在這裡呢？」的疑問且精神上的慾望無法獲得滿足。

一個不小心就會讓自己身陷孤獨寂寞當中，倘若有餘裕的話，兩夫妻各自都有一輛車且會分開外出，但外觀漂亮的最新型物品雖然能滿足物質上的慾望，但精神層面若是無法獲得滿足，就會慢慢開始厭倦豪宅的生活。

若是資金足夠，退休後可依照本人的意思建蓋房子，住在海邊不僅能釣魚，而且每天都能去知名的溫泉解除身體的疲憊感，還能打高爾夫球，但夢想實現後又該如何生活呢？除了物質上的滿足之外，一定還要思考是否能滿足精神層面。必須思考壁爐需要的木柴由誰負責處理、獨處時該做些什麼，以及該如何和附近的人融洽相處。

我們兩夫妻之所以不回故鄉的理由是什麼呢？當然是因為沒錢購買釣船！

但另一方面，精神上也還沒做好準備。建蓋前院住宅的人年輕時一定很努力工作賺錢，付出比其他人多上好幾倍的努力後實現了夢想，但卻需要調整速度的智慧，在滿足自己物質上的夢想後往往很容易感到倦怠，防止倦怠的方法就是與他人分享。可以選擇分享時間或是分享食物，最好能找到符合自己且精神上能感受到喜悅的事情。為現在生活的地方賦予屬於它的意義，若是想實現在豪宅生活的夢想，是不是就該捨得和家人住遠一點，並且苦思和他人過著有趣生活的方法呢？

「我們靠獲得之物為生，但靠奉獻之物書寫生命。」──溫斯頓・邱吉爾（英國首相，作家）

實現年輕時期的夢想後的檢驗Tip

你是否具備調整速度的智慧呢

該如何和他人分享呢

物質上的滿足與精神上的滿足是否融洽呢

退休後以有彈性的方式生活的六種方法

現在是AI機器人代替人類工作的時代，退休前若是沒有自己專屬的工作，馬上就會進入不安的時代，退休後要找工作更是困難。此時試著把目光轉動「五度」左右吧！如此一來就能找到利用時間的方法。

機器人竟然能幫忙工作，這樣就能節省許多時間，此時就能把重心放在健康、樂趣，以及冥想。當我們在金錢上不虞匱乏時，就會花錢照顧自身的健康，現在也進入了身體更換人工關節或是人工臟器來維持壽命的時代了，在醫學的幫助下讓我們得以活得更久。

當人類的壽命更長時注意力就會放在哪裡呢？當然就是樂趣！追求樂趣的時代造就了娛樂事業的興起，不過，若是過度追求樂趣就會趨向疲憊，所以能安靜尋找自我的冥想深受許多人喜愛。

冥想是退休後讓複雜思緒沉澱的一種治癒法，退休後是否能在健康和有趣的狀態下平靜地尋找自我呢？Healience仙村的村長李時炯博士說：「超過一百歲後還能優雅地、美麗地使用自己的雙腳走路，沒有罹患老人失智，必須活出自己的人生，且成為不需要去醫院的人。」

近來經常可看見訃文中的往生者是超過九十歲的人，讓我真實感受到一百歲時代的來臨，想要優雅且美麗地活到一百歲該怎麼做呢？

最好的方法就是靠自己的力量維持健康，只要能靠自己的雙腳行走，就能省下躺在床上請人看護的醫療費八倍之多的錢。雖然會不會罹患老人失智症並非自己能決定的事，但卻有一項預防方法，就是現在自己的言行一定必須一致，指稱言行不一致的專門用語是「認知失調」。若是言行不一致，日後就會演變成連自己身在何處、連自己是誰都忘記的狀態。

為了防止認知失調的症狀出現在自己身上，就該避免「假裝」的行為，像是裝模作樣、假裝很漂亮、假裝忽視，以及假裝知道等的行為。生涯現役（一輩子都不會退休）是指目前在物質、精神上與某人互相幫助的現況，另外，無論是男性或是女性，只要自己能好好按時吃飯就算是一種現役。

不需要去醫院的人需要具備不依賴醫院的行動與意志，內心不能因為擔憂生病與健康而感到膽怯。隨著年紀增長後，慢性病就會如影隨形出現，但一般人應該不會希望每天都得像是上學一樣去醫院報到，若是因為治療簡單和方便而依賴醫院的話，就必須接近藥物與打針，當然出現後遺症時就得繼續依賴醫院。朋友的婆婆一年大概去醫院和韓醫院四百次，還一度接獲醫療保險公署的警告。

該和慢性病朋友搏鬥呢？還是要好好控管呢？醫院也都不會說清楚講明白，需要本人不依賴吊點滴、打針和使用藥物的堅定決心。如果經常去醫院會對孩子和孫子三代造成壓力，這就和提前使用未來資源是一樣的道理，只要接觸傳授面對慢性病、絕症和死亡的意志的宗教、哲學研讀、自我修養、義工活動等，相信對我們會有實質上的助益。

現在就來了解有趣生活的方法吧！

有人說：「全職家庭主婦也千萬別自己吃午餐！」和其他人一起吃午餐就能交換詳細的資訊，像是該怎麼調整洗衣機衣服才會乾淨、最近上市的烘乾機是否好用呢、使用氣炸鍋的好處，只要和他人一起用餐就能獲得許多新資訊。

退休後也是一樣，不僅時間自由，機會的大門也開啟了。若是煩惱「自己孤零零該怎麼吃飯」、「要和誰一起吃飯呢」，那就思考一下和家人以外的人該聊哪些話題會比較好吧！比起和非常熟識的老同事見面，和新認識的人一起吃午餐會更好。

當然退休後一開始就和不熟的人吃飯會感到很拘謹，吃飯時只會交換形式上的資訊，特別是男性有不會輕易先表露自我的傾向，此時最好能先解放自己與提問。

提問是「對方對我很好奇」的標示，適合用來拉近彼此之間的距離，為了達成此一目標就該培養自己的觀察力。試著聽聽看對方喜歡談哪一類型的話題，對民謠有興趣呢？還是對圖畫有興趣呢？如果興趣和我差不多的話，就繼續提出問題拉近彼此之間的距離。透過觀察我們可以知道自己能勝任哪些事情。

退休後讓生活充滿活力的方法相當多，筆者試著將眾多的方法彙整成六種，只要妥善運用這六種方法，對身體產生的助益就和補氣的四君子湯、補血的四物湯一樣。當然若是有餘裕的話，就像在引擎中添加潤滑油一樣食用補品也無妨。重要的是，我要成為自己人生的主角！揮別一直都是公司人、組織人的過去，創造全新的自我吧！退休是尋找自我的黃金期，退休後的時期是讓我的文化大放異彩的文藝復興時代。

退休後過著充滿活力的生活，首先，對各式各樣的領域抱持關心吧！這個世界上充滿無窮無盡的新知識，若是學習製作木偶就能製作玩具給孫子玩，若是好奇「宮廷的丹青為何會加入圖案呢？」就能報名參加一輩子都在描繪丹青的實務者的講座課程。

在準備50 Plus Center的憤怒調適課程時，我在其他課程目錄中發現有一位講師從事和丹青相關的工作已經三十年了，因為時間無法配合，所以就沒能去聽課。但是我也再次明白只要努力學習且熟練後，總有一天也能當上講師，原本平常都在聽不懂的狀態下聽歌劇，但在明白其中的意思後就能興致高昂地欣賞。知道那首歌蘊含的意義後，就能讓理性上的快樂倍增。

第二，孩子有孩子的人生，我有我自己的人生。小孩超過二十歲後就該脫離父母親的懷抱，無論是精神上或是物質上都該獨立，現在的房價太貴了，如果小孩分開生活就會導致支出變多，經濟也會因此而難以獨立。

儘管如此還是積極建議各位父母親放手吧！如果和孩子保持距離的話，精神上和經濟上就能快一點獨立，以我來說，第二個兒子在日本木造建築文化學校畢業後就分開生活了。

兒子和我們兩夫妻一起生活時都會抱怨廁所的同學會紀念毛巾、觀光紀念毛巾很俗氣，這次兒子在準備獨立生活時購買的毛巾都和飯店的毛巾一樣乾淨，而且顏色和尺寸都一致。兒子比我更會整理房子，支付生活用品的錢是使用中學時開始存的壓歲錢和零用錢，他利用那筆錢租房子和購買一輛小型中古車，兒子讀國中時我幫他申請了證券帳戶，後來帳戶由兒子自己管理，透過這樣存錢的訓練也造就了他現在的獨立。

就算住在同一個屋簷下，父母也要先保持距離，若是干涉與控制孩子的行動，孩子就會無法展開自己的人生。雖然這是理所當然的一番話，但父母也不該向子女張開雙手，不懂電腦就該去市政府電腦教室或公共機關努力學，不要只是一味地在等待子女。如果父母熟悉智慧型手機功能的程度甚至能教導別人了，那子女就會對父母產生尊敬之心，就算住在一起，父母不會依賴子女，子女也不會依賴父母。健全的家庭就是認真栽培孩子，讓他們在社會中能確實扮演好自己的角色。

第三，興趣讓人生多采多姿。現在是興趣也能賺錢的時代，我在50 Plus Center見過許多領域的講師，他們是如何成為講師的呢？在公司待三十年的人、在學校教書的老師、公職退休的人等各式各樣的人都有，還有非常熱愛自己興趣的人開課分享自己的心得，他們很樂在其中且充滿活力，身心都處於健全的狀態。能運用自己的興趣讓他們很愉快，和他人相見付出社會貢獻後讓他們也很樂在其中。你是否認為「該死的興趣！只會白白浪費錢而已！」，你是否認為興趣對維持生計沒有任何助益呢？這種想法在二十一世紀就該改變！二十一世紀不是已經過了二十年嗎？能讓我們的人生充滿意義的方法就是興趣。

第四，多說一些能擺脫孤獨的話吧！有人說「老年時少說話，但皮夾要一直打開」！不過現在筆者卻鼓勵大家多說話？說話時不要一昧地炫耀自己，而是要努力說些對他人有幫助的資訊。盡量避免「我四十年前是哪所大學畢業的！」之類的話，聽者大概會竊笑說：「所以那又怎樣呢？」若總是喜歡談起過去的自已，那就會導致他人想要避而遠之。若是不想要孤單，那就要說對他人有幫助的話，實際上給予他人幫助就能讓我們避免孤單。並且開始對自己受歡迎的程度感到自豪。

第五，多加運用SNS吧！積極參加聚會吧！五十、六十歲觀看Youtube的時間比三十多歲的更久，我在NAVER經營一個名為《洋蔥的身體人文學》的部落格，從部落格的統計來看五十歲到五十九歲之間的男性最常瀏覽我的部落格，因為我上傳了許多關於退休的內容。

SNS是宣傳自己的一項好工具，各位是否聽過FBI行銷嗎？它代表臉書、部落格和IG，若是加上Youtube，自然而然就能讓大家認識我。全世界都稱朴茉萊奶奶為Korean Grandma，知名電視台邀請朴奶奶，然後美國Youtube的執行長親自和朴茉萊老奶奶見面，現在就是這樣的時代。現在退休後SNS是不可或缺的一項工具，現在是想賺錢就得使用SNS的時代，只要能熟練當中的一個就能和其他SNS連結。興趣與關注之事相似的人就會成為朋友，只要生產與傳播資訊，久而久之就會變成專家。

運用SNS的訣竅之一！持續使用到覺得厭煩為止吧！只要每天觀看，就能學會判斷他人上傳的資訊，以及開啟再次加工的慧眼！只要持續進行就能看見世界的趨勢。

第六，運用沒有利害關係且能交談的讀書俱樂部吧！有利害關係的聚會通常都無法維持太久，若是沒有自己想要的利益，關係就會不了了之。雖然大概沒有利害關係的聚會，但硬要找的話，讀書會大概是最佳選擇。讀書會是滿足精神需求最佳的管道，聽過卻沒讀過的古典書，或者是先前因為沒時間而沒讀過的書都是不錯的選擇，最近出版的科學書也不錯，無論哪一種領域都一起閱讀吧！

家裡附近的圖書館不僅會提供讀書的場所，也會贊助書籍和點心，加入這一類的讀書會也不錯，積極告知自己想要的領域且召集一起閱讀的人也是很好的方法。

我經常看EBS世界主題之旅，有一次看電視時看見在澳洲率領地質探險旅行的領隊（朴文鎬自然科學世界的朴文鎬博士）嚇了一跳，當時的情景是博士看見幾萬年的地形後忍不住流淚，一起研讀地質相關書籍且去旅行的成員看見現場後也非常開心，我同樣也感受到了那股感動，像這樣一起閱讀喜歡的書有它專屬的樂趣。

各位是否想在機器人幫忙工作的時代中成為善於利用時間的智者呢？還是要成為不斷抱怨世界的魯蛇呢？選擇權在於自己，現在沒有人會命令你該怎麼生活。

退休後試著嘗試不曾做過的事情吧！不要忽視物質、精神上的需求，並且試著傾聽自己真正的想法。若是過度追求物質上的需求，不僅會失去金錢，同時也會失去人生的均衡。退休前為了維持生計和子女的教育付出了多少心血呢？找尋自我的文藝復興是送給自己的一個禮物。

試著滿足精神慾望讓生活達到均衡吧！讓退休後的生活變得更具備活力，這也算是一種自律的冥想，而這樣的環境要由自己來創造。

六種充滿活力的生活方法Tip

對多元化的領域抱持關心

孩子有自己的人生，我有我的人生

興趣讓人生繽紛多彩

說對他人有助益的言語
經常運用SNS
妥善運用讀書俱樂部

降低生計
維持生活與
健康

第6章

若是想改變家中的大小事，就該承受雜音

明天是公公的忌日，為了準備食物我跑了三趟市場，到水果行買水梨、蘋果跟素菜，東西重到我抬不起來，於是分成早上、中午、晚上去市場，其他的材料則必須去大型超市購買，幸好這次沒有課程才能有時間採買，即使寫了購買清單但買完後總會有一兩樣忘記，以前都是婆婆會確認，說：「那個～妳幫我看看有沒有忘掉的，」然後反覆進行檢查，婆婆六十年間盡力地準備祭祀，而現在要交給我這個大媳婦處理。

並不是因為我比婆婆更會做菜，之前婆婆主導時覺得我動作慢而不常要我幫忙，老實說我沒有那麼積極參與是因那並非我的生活，不過現在重要的不是會不會做事而是要減少支出。老公退休後我檢查了家裡的大小事，發現祭祀費用花費最多，婆婆還是照著大兒子收入不錯時，準備相當充足的祭品，畢竟六十年來的習慣是無法改變的。

我們的故鄉是三千浦，是個港口城市，很常看到魚貨，因此擺設祭品時會準備七種魚

類，當然不會在祭祀當天就吃完，會包給家裡其他人跟我們帶回去，我已經跟老公說了好幾次要減少食物分量，但老公不敢跟婆婆提，就算直接說了也沒有用，因婆婆覺得在供桌上準備許多食物不僅是驕傲也是自尊，大兒子從婚後到退休前都有給祭祀費用，婆婆便想用祭物向家裡人表現大兒子的成功與地位。

老公榮譽退休後，過年過節祭祀桌上還是放了很多魚，大媳婦的我率先發言：「媽媽，以後我會在首爾祭祀。」老公雖然已退休，但祭祀費用還是由我們負擔，當然說出這話之前我有事先準備，建議老公開個家族會議，不過兄弟間真的見面後又說不出口，但我還是積極的說服老公，由我們來進行祭祀。

一開始兩年間在我們家進行祭祀時，我心理壓力很大，老公因改變的祭祀文化感到混亂，當聽到弟弟說：「應該照以前的方式才對。」而有所動搖，但自己太太說的話也有道理，讓他露出痛苦沉重的表情。我則是重複地把身邊（首爾）進行簡樸祭祀的例子說給他聽，說服他要隨著時代來改變傳統跟文化，更何況還沒有收到失業補助而無收入，以後若有紅、白包或家族相關大小事、生活費用也都要減少。

「生活生計」是指像活著的生物一樣隨著當下進行改變，如果退休後還會在意外部眼光，「別人會怎麼樣看我？家裡的人們會對我說閒話嗎？」那麼就會很難適應變化。

在退休後沒有收入的狀態下，家中大小事是最大的負擔，我們家雖然不太會改變傳統，但這樣的改變讓負擔頓時減少許多。當然一開始在首爾進行祭祀及減少祭物並不是百分之百的被贊同，這時要不著急地等待，變化不是一下子就能改變的，得要先忍受雜音，老公退休後三年，在首爾進行了簡單的祭祀。

這次準備祭物雖然去了三趟市場，但心情卻是輕鬆的，因與其等待某人幫你改變，不如主動提出意見來改變，我自己整天作鮮魚煎餅、韭菜煎餅、素菜，雖然忙碌卻很充實。

「爸爸，謝謝爸爸生前給了溫暖的愛，讓大兒子夫妻一家都平安，準備了一桌宴席，請吃飽後繼續保佑子孫們日後的生活。」

想改變家中大小事的Tip

想改變傳統就得忍受雜音
生活要隨著當下而改變
人若能主動的生活，壓力就會減少

搬到小房子

極簡生活主義是指只用必要的生活物品來生活，實踐這種生活的人被稱為極簡主義者（minimalist），他們主張即使擁有很少的東西也能感受到滿足與幸福，但我無法完全認同，「極簡生活主義」讓我想到的是指像樣品屋一樣家中乾淨俐落，沒有很多的物品跟灰塵的乾淨樣貌，於是在老公退休第二年時我也決定來試試極簡生活，該怎麼做呢！

不是決定要跟樣品屋一樣乾淨俐落，而是決定要搬到房子坪數較小的家，為的是要以最少的物品，活出最大的樂趣！另外也是處於兩年間沒有收入的狀態，對於未來如何生活感到不安，老公則是抱著「總會有方法的」心態，自我意識中還是會有「好歹我以前也是曾經待過大企業的人……」多少會在意別人的眼光，這個我當然能理解。老公剛退休時要去打高爾夫時，因沒有車而必須要把家裡住址告訴同行的老闆時，他說他內心相當不安，這種心情我也應該要理解。（過了一年後高爾夫邀約就自然而然的沒有下文）

只在網路上看了要搬過去房子的房價，了解到「行情只有這樣」卻不知道該如何，也到房子附近的不動產看了小別墅的房價，如果把現在住的公寓出租後搬到小別墅，用獲得的月租差額就能買一個小的商住兩用房。老公對修理乾淨卻住不到兩年的公寓相當留戀，那是我們婚後二十四年買下的公寓，歷經從郊區到國外，在國內搬了十四次家以後才擁有的房子，「好不容易住進屬於自己的家，卻又要我搬家？」一定都會有這種心情，但現況卻只能出此下策，我住在這公寓時也希望能永遠住在這裡，無奈事與願違，退休金見底了，老公退休後兩年能再就業感覺也不是件容易的事，總是要想辦法生出一些收入。

下這決定並不容易，想到這公寓的優點跟社區優勢、擁有的基礎設施與靠近地鐵站的好處就難以割捨，當然我也想過繼續住下去的方法，如用出租房間（Air&B）的方式來增加一點收入，但著手改造房間的初步投資費用，與跟別人共住所花的心思，好像比想像中還多所以放棄！經過三個月間睡不好、反覆考慮後下了結論，決定從三十七坪的公寓搬到十六坪的小別墅。

搬家前我花了四個月左右丟東西，還可用的物品就上網賣給「中古世界」，剛開始是賣時不知是否宅配的泡泡紙包裝太過陽春，導致陶器一角裂開，它可是我在國外珍惜的花瓶卻因此被退回令我傷心許久，洋酒瓶、高級品牌的大餐盤、裝飾用的物品都找到了合適的新主人，還曾約在地鐵幾號出口面交，賣著賣著竟還開發出許多能節省一千三百韓幣地鐵車費的各種面交方式。

從高爾夫球、兒童小提琴、電子琴到蚊帳，二手書則是搜尋阿拉丁二手拍後輸入條碼並裝箱，就會有宅配司機來收貨，剛開始不熟悉時不太會輸條碼，只是賣一本二千韓幣的書卻要花很多時間，令我不禁想：「還有很多方式能賺錢，我現在做的事是否太愚蠢？」根本是虐待自己，（沒想到之後卻成了賣二手物達人？）有二手價格也好，只要想到能支撐生活費就咬牙努力。

賣著賣著就像是「原來我有這本事」的感覺，令我心情愉快，琉璃碗、水晶酒杯等二手物賣不掉的物品應該要果敢的丟掉，但捨不得就還是把它們帶著。

搬到小房子後花了一週以上整理，即使花了四個月內賣、丟，但還是有令人後悔「不該把它帶來」的東西，家裡太小沒地方放，有時為了放置一樣東西就必須要移動五次，早知道會這樣的話就不會把用不到的東西帶來。

煮大醬湯的勺子為什麼需要買到五個呢，（歷經國外、國內生活後東西不知不覺變多）經過十四次搬家不管怎麼丟也還是有無法丟掉的東西。應該要像佛教的頓悟，一次就把不需要的東西跟慾望丟棄，卻無法做到，而是像漸修一樣，無法一次割捨的漸進式捨棄。

還不想要一次就把東西丟掉，會有所留戀，就像一直拖延該作的事，在無用的物品上浪費時間，執著沒意義的事。搬家後將六人用的大餐桌跟四張椅子換成六十公分寬的小餐桌與無椅背的四個小原木椅，原木椅不使用時就放進餐桌下，你問說為什麼不坐在地板上吃飯？

坐式用餐不太方便且會造成膝蓋軟骨的負擔。

開始了極簡生活主義後，滿足與幸福雖沒有一起來，但我相信我獲得了一樣，那就是減少物品搬到小房子後，我丟掉了「總會有方法的」不明確的期待。

搬家具備的東西Tip

要搬家就要先整理物品

以極簡生活主義生活，滿足跟幸福不會跟著來

搬到小房子後可丟棄不明確的期待

退休後要減少光芒呢？還是減少負債呢？

在老公退休前我們所住的公寓就算是冬天也能曬到陽光，相當溫暖，蓋一層毯子就很舒服，白天不需要開暖氣，出了陽台除了可看到遠方蠶室的一百二十層高塔，就連河南的黔丹山也能看見，較近的杏堂洞小野山也盡收眼底，彷彿歐州鄉下城堡般幽靜的公寓，因陡坡的樓梯在公寓前面，就連外送的摩托車聲也聽不到，從廚房窗戶往外看可看到五十公尺高的舞鶴峰。

春天時邊看著舞鶴峰的櫻花邊洗碗，夏天時國小後山坡上的洋槐香味濃郁，若在走去搭地鐵的路上聞到就能讓心情愉快，據說要三代積德才能住在朝南面的家，沒想到我們卻搬離了這個家。

現在住的別墅打開客廳門，看到的是製藥公司大樓的外牆，因為朝東南方，東方、南方會有陽光但前面就有高樓，所以只有上午十一點前可看到陽光。家附近有間約四十年歷史的鐵工廠，旁邊的××商行是收集廢鐵後裝入卡車的舊貨商，每天都會有飛揚的鐵粉塵跟尖銳的金屬碰撞聲，於是就乾脆把窗子關起來，在這種不利環境下的房子當然會比其他地方還便宜，我們因為低價跟不用坐社區公車就可以靠近地鐵站的優勢而選擇了它。

老公退休後有想過要一個有書桌的寬敞書房，現在卻坐在兩人用沙發前上網學習，還能怎麼辦呢，最可怕的是累積了一大堆債的負數家用帳本，你問我怎麼不把房子賣掉？如果沒有工作，戶頭裡的錢一定會不知不覺地花掉，再加上不方便轉移房子的租稅。

每兩年轉移租稅的錢，根本是自討苦吃，現在有五百萬韓幣以上搬家費用的債務，再也沒有餘裕，況且婚後搬過好幾次家，搬來搬去真的令人厭煩，以前跟朋友們聊天時有誇口說自己住過大峙洞、新城市等地方，但現在已經累了，不想再整理東西搬家。

家變小後光線也變少，在要搬來別墅之前考慮了好幾次，結論是因搬家後不需要借款又可以維持不坐吃山空的現況而下定決心。為了維持沒有債務的生活，老公必須從下午四點工作到晚上十二點才回家，下班後吃一碗蘿蔔葉湯跟幾口小米酒，再上到屋頂上抽一根菸當作結束一天的辛勞。

在公寓陽台可看到九十度廣度的星星，現在的別墅屋頂則是可看到一百八十度的天空，沒有粉塵時還可以清楚的看到北斗七星跟獵戶座。老公最近在學習東洋天文學，每天都上到屋頂觀察北級星，莫非我們搬到小房子是老公注定的命運（人生旅程），也多虧了黑暗才能讓發亮的星星更加耀眼！

煩惱是否要搬到小房子時的Tip

首先要減少債務

認同不方便之處

找出改變後環境的優點

確認牙齦的健康與迅速治療就是節約

我接受了人生中第一次牙齦治療，卻沒有吃過韓國銷售第二名的熱門牙齦藥……，因我對牙齦有自信即使過了五十歲也還是能健康，沒想到就在八月時牙齦突然紅腫疼痛，就連吃軟爛的粥也讓我痛得要死，心想：「再忍忍應該就會好了。」還好睡了一晚後狀況有比較穩定。「嗯～好多了，還撐得住。」快速地自我診斷後覺得沒事就沒有去看牙科，十天後牙齦又腫了起來，連一粒米都沒辦法咀嚼，看來必須要去一趟牙科，如果看診後要花一筆額外費用的話該怎麼辦呢？

我們搬來超過一年了，對於決定日後要看診的牙科卻一直拖延，不太喜歡探索陌生的牙科、內科與美容院，所以搬家後經歷了一段時間的適應障礙，因只看招牌不知道是否適合，也有想回去以前常看的牙科，但坐公車的路程讓我打消念頭，而且聽到很多牙科會過度治療更令我混亂，不知道該信任哪一間，但牙齦痛到無法再拖下去。牙科有許多項目是不含在醫療保險裡的，很害怕看診後的實際花費，考慮過後預約了市立醫院，感覺市立綜合醫院是便宜又值得信任的地方。

不知是否因市立醫院為乙級診療機關，跟社區內的牙科不太一樣，很仔細的跟我說明牙齦病症。他說是因女性到了五十歲以後會有更年期，屆時免疫力會下降而導致牙齦病症的產生，若以為只是腫起來沒多久後就會好而放任不管的話，會讓日後的治療更難處理，我的牙齦是因免疫力下降而疼痛，但另外還有一個原因，那就是上牙齦正在長骨頭。

我從沒想過嘴裡會長骨頭，六年前的某一天我發現我的上顎右側臼齒牙齦（後面的大牙齒）旁突出了一塊骨頭，我發現後嚇了一跳趕緊去看牙科，不過醫生說如果不嚴重的話最好不要進行骨頭切除手術，並且之後作假牙時也會不方便，最好刷牙保持乾淨以免牙齦發炎。

老公以退休跟搬家為由，已經三年沒看牙科了，其實是強迫自己若非緊急疼痛的病症就不要看病，來減少開銷。定期牙科檢查不在減少生活費的項目中，五十歲以後隨著年紀的增長，需要檢查的地方不少，其中又以牙齒應該最先進行治療，他卻因這不是大病且沒有錢而不斷拖延。

最近有國民醫療保險，一般的病都可以用保險來處理，不過牙齒治療卻是個人負擔的費用較高，所以我在跟其他人交談時都會注意他們的牙齒，看到牙齒整齊的人就感覺他是生活較富裕且身體建康的證據，所以我學習自然醫學努力地讓自己的身體不需要進出醫院，可是牙科治療並非靠調整飲食就能解決，要用牙線、牙間刷仔細清潔跟定期檢查，早期治療才是節省的祕訣，當然也要均衡飲食跟適當的活動來鍛鍊自身免疫力。

我在預約牙科時，老公也要求要跟我一起去看牙，都已經快要六十歲的人竟然不敢獨自看牙，得要牽著我的手（！）才去，之前在國外居住時也都是我先去看牙科，他才跟著一起去（大家應該都知道外語實力並不重要，重要的是要有勇氣^^）。要我在旁邊陪著才肯接受治療。其實知名藝人廣告代言的牙齦藥有抑制了我的牙齦發炎，只是治標不治本。

老公在市立醫院補牙，唯一不方便的是難預約、等待時間長，兩個月後我到社區牙科作金牙，沒想到比較價格後發現，市立醫院比社區牙科便宜了十萬韓幣左右，不過市立醫院是乙級醫院，依照不同程度的病症來收取不同的掛號費，所以看牙科最好到三個地方進行評估會比較好。

照顧牙齒健康Tip

更年期後免疫力下降會造成牙齦病症
牙齦疼痛時就要盡快治療
夫妻兩人都必須定期進行牙齒檢查

隨著吃的食物種類與多寡會改變命運

退休後有時會覺得「無論做什麼都做不好，體力也不如從前」，這是要你改變生活方式的信號，這時會有兩種反應，樂觀的人會想「這情況怎麼可能會每天都相同？總有一天會解決的」，不會陷入自我懷疑而是咬牙忍耐；但是內心常動搖的人則是會想到處去問自己的情況何時會變好，而去找看八字的哲學館、靈驗的算命師。

另外還會出現高血壓、糖尿病等慢性疾病的症狀，體重過重讓身體感到無力，狀況若不好則會常去醫院或依賴藥物，或是被說服藥品很好而買高單價的藥，接受健康檢查或到健身中心、減肥，有時間的話還會跟主治醫生諮詢，甚至也有人對自己往返醫院感到自傲。

內心脆弱時會花錢占卜或算命，要對方聽你說話（至少對我來說是這樣），那裡是解脫鬱悶的訴苦對象，等到花了一些錢後會好奇想問自己的情況到底何時會改善，不管自己是否有努力，就跟想中樂透的心情相似。

反之，當身體軟弱時，最先注意到的就是健康相關內容，最近可說是健康資訊爆炸的時代，電視、第四台甚至是Youtube中可看到許多的健康節目，一週差不多播放五十多個健康節目，讓人們依照自己的喜好挑選觀看。

也有人看到健康節目中介紹的藥品，就像自己會生病一樣，看完節目後馬上到京東市場、藥材市場去找藥材。根據祭基洞×藥草園老闆所說，有一陣子說魚腥草對身體好，許多人從凌晨就到藥材市場排隊等待，還買不到呢，這就是被對健康好的話術給迷惑。

退休後去找過算命師，但內心還是不舒暢的話怎麼辦？買藥草、到健身中心、進行瘦身但身體健康還是沒改變的話呢？到底改變內心跟身體應該要如何做才對？其實方法意外的簡單，那就是用不強迫自己來改變命運。

自然健康法其中的西式健康療法，就有強調少吃，粗食跟少吃能改變命運的方式是我在自然健康學系研究所中學到的，那時聽完課後覺得：「啊～這對我也是個好機會，我需要改變我的內心跟身體。」從那天起我就開始實行少吃，（有些話會像命運般緊緊的黏著自己）。我不吃早餐，一天吃兩餐並減少一半的量，在晚餐後空腹十八小時會讓人更健康，（間歇性斷食），這個方法改善了我的慢性病，進行十八小時斷食可讓體內累積的宿便排出，挨餓十八小時後身體會排出名叫去乙醯化酶的賀爾蒙，將體內的毒素跟老化物排出，淨化身體。

一個月少吃可瘦三公斤、兩個月瘦五公斤，就連很難減下的內臟脂肪也消了。當我穿著合身的正式服裝去上課時，負責人嚇了一跳說：「老師妳變好多喔。」讓我頓時提升了不少自信。

在《東醫寶鑑》上課時進行了吃東西冥想，吃東西冥想是將七種蔬菜、水果一個一個慢慢吃，去感受食物原本風味的時間，準備食物時老公想嚐嚐看蔬菜的味道，於是中餐便當幫他準備了生菜，有五塊生馬鈴薯、二分之一顆洋蔥、四塊黃瓜、四塊胡蘿蔔，共二百五十克左右，會有不同的組合。跟早上在地鐵站賣的飯捲一起吃的話就能成為簡單的午餐，也能解決退休者不知道吃什麼的煩惱，改以蔬菜為主食後竟讓老公變成了溫馴的羊。

在飲食上能節制的人，對其他的慾望也能節制。

節制飲食是帶來內心平靜跟照顧身體的基礎，不容易被任何事情給動搖，若實行少吃、簡單吃就可淨化血液，血液淨化後就能預防疾病，身體健康後就可下定決心。

事情不順利時，再也不會到處尋找靈驗的地方，身體痠痛疲累時也不會去醫院，而是使用社區的運動器材，若不改變內在，不管外部跟你說多好聽的話或是吃良藥、美食，都不會有變化，用少吃的飲食習慣來改變命運，就讓我們更堅持、更規律、更愉快的實行改變命運的基本必殺技吧！

用節制飲食改變命運Tip

節制飲食就能改變命運
少吃能淨化血液
健康後就能下定決心

波濤洶湧的小腹縮小了

老公是作宅配物品分類的體力型工作，加上圓光數位大學東洋學系一學期二十四學分的課程，讓他忙到沒有時間想別的，連晚上跟誰約出去喝一杯的時間都沒有。家跟工作的地方來回就要兩小時，工作跟讀書兩頭燒也讓他沒有時間好好休息，所以週末時睡超過八點對他來說就是最幸福的休息。

老公過了二十七年的職場生活，退休前是個有祕書、司機的管理階層，（彷彿是前世發生的事？我不敢相信）當到那樣的位子時，很常會有喜歡使喚別人的不好習慣，以為只要開口一說KTX車票、出差飛機票都會準備好，就向美國總統出了白宮後不知道怎麼撥電話一樣，他壓根不知道買高速巴士票、網路購物也是需要費工夫的，離開公司組織後變成自己一個人，就會馬上不同嗎？

退休過了一年後，曾經在大企業待過的壞習慣還是沒有改變，在家時也是以為只要開口事情就會完成，把家人當祕書般看待，「幫我看看國內旅行，幫忙了解一下公車票，你資料找了嗎？××準備了沒？」如咒語般不斷出現。

老公不是出於命令，而是自然而然的說出來，但若照著老公所要的幫他後，讀書跟我的事情要何時才能處理完，於是我要老公重新想想他說的話（命令），畢竟已經沒有祕書、司機，且都已經跟他講過好幾遍，他就是改不過來。像是醫生若不下可怕的最後通牒，說如果不再戒菸幾年內就會死亡，這時你才肯戒菸一樣（不過還是有人會繼續抽，又能怎麼辦呢），當手中還有可用的錢時，人是不會改變的。

老公雖提出要求但我為了訓練他獨自自主，並不會馬上就幫他，要他從約好的地鐵站開始搜尋。其實為了讓老公再次就業我把所有的網站都看過了，人才銀行、求人求職欄、工作網、市政府工作中心等，該找的地方都找過了，真正要去找的人卻只說一句話，連就業網站都沒開啟過，過了一年後他終於明白，若不是自己去就業拜訪、把自我介紹刊登在網路上，妻子再怎麼做事也都沒用，要等到沒錢了才會狗急跳牆。

狗急跳牆的時間慢慢接近，老公退休後兩年間，聽了由市政府舉辦的藥草教室、農業專門學校水耕栽培、50 Plus Center的創業班，也在市立圖書館學習人文學、周易，他都很認真的在學習但卻都跟賺錢連不上關係，就像青蛙在水裡慢慢被加熱一樣，戶頭裡的錢見底了。

看樣子人活的誠實，機會還是會來臨。老公跟我在貿然開始的甘草耕農一起做事也認識了同事（社員），一起做事時都沒有偷懶，雖然沒作過農事的人腰會痛得像斷掉一般，但老公還是很努力，幸好他沒有對我抱怨說「妳就是沒事找事受這種苦」，看樣子是他的工作受到肯定，所以當那位同事先進到宅配工作後問他要不要一起，多虧了他老公才能有宅配分類的工作。

老公一開始工作時沒有告訴我只需要工作一週，僅說會晚一點回家，或許是他怕說了之後，如果覺得累而想辭掉的話，我會對他的信心銳減吧。沒想到他撐過三個月，一直工作了六個月以上，工作後，每週都會有錢進帳，讓他產生了不論何事、不論哪裡都能工作的自信心。

退休後五年，從用盡腦汁為了提升業績的工作轉換到肉體勞動，老公說這比在公司組織理的精神勞動，內心來得更加舒坦，加上一學期二十四學分的課業，讓他在往來的地鐵上努力得背著課程內容，在他努力的讀書後獲得了獎學金。課業跟肉體勞動在日常生活中各自取得平衡，原本中年男子的下垂小腹因流汗的體能工作而消失，讓身材看起來相當不錯！

沒有人能保障再次進入大學後能成為什麼，大學時期待到了三年級應該就能看到未來的路，轉眼間已經三年級卻還是對未來茫然，但是心裡明白因為喜歡讀書而願意繼續……

變化的轉捩點Tip

狗急跳牆

機會會留給誠實的人

邊工作邊產生自信心

後記

就像離開魚缸在河中遊走的魚一樣

我是一九六四年出生於嬰兒潮時代的人，也是個全職主婦。老公的退休造就了人生大轉變的契機，其中最大的變化莫過於是看人的視野變得廣闊，尤其是表現自主生活的女性們最令我感到吸睛。

最近引起我的注意的女性是位有名的Youtuber朴寞禮（音譯，Park Mak Rye）奶奶，她生於一九四七年，度過了飢餓、受苦的荒年，辛苦的養育孩子們，直到她七十一歲為止已開了四十三年的餐廳，年紀雖超過七十，但個性依舊直率。另一位女性則是《82年生的金智英》中出現的三十歲「金智英」，她把在職場上受到的女性差別待遇跟中斷工作的苦，真真實實的呈現在自己母親面前。

朴末萊奶奶、我（朴京玉）跟金智英，老實說這三個女性可說是表現了每二十年的時代變化。以我的景況來看，並沒有像朴末萊奶奶一樣無法讀書的悔恨，因我生在荒年時代之後，生活雖然也過得艱辛但還是能讀到大學畢業，也沒有像金智英所經歷的中斷工作，我成為老公公司生活的賢內助，過著國內、國外移居的生活。每當老公晉升職位往上一階時，我就會覺得自己越來越屬於中產階層，也讓我以為平安順遂的人生會這樣持續下去。錯覺跟沙堡一樣，無法持續往上蓋且一下就垮掉，當老公退休後，我的人生就像被子彈狠狠穿過，我想跟我同世代的女性們應該都會遇到類似的艱苦。

我結婚後習慣了婚後的舒適感，但唯獨很怕冷，前往韓醫師進行諮詢後，被告知身體要多動才能變暖。社區美容院魚缸裡的一隻孔雀魚也跟我很像，聽說孔雀魚的魚缸除了夏天以外，其他三個季節都必須要開燈保溫，為的是不讓魚的身體凍僵，那麼照著我的燈不就是老公每個月的薪水嗎？現在我卻成了離開魚缸在河水裡游的魚，在世上這個激流中自立自強尋找食物的自由魚兒！

我寫書的具體理由其實是為了生活，也是為了了解自己，老公退休後有時也會對自己的自私想法跟行動感到羞愧，不過這也是我的樣貌，若不理解「我」就不能理解他人，就像當自己內心寬闊時才能有接受他人的空間。

當我在寫書的過程中，體會到兩個能自由生活的要素，那就是責任與尊重。責任就是將自己使用的東西歸位並自力更生；尊重則是接受跟承認，越是親近的人尤其是配偶，常常很難接受他們原本的樣子，想要照自己的方式改變他們，或許這不是尊重而是強迫了。

為了讓自己能更自由，就先讓對方自由吧。

【附錄】退休後確認財務狀況

1. 目前財務現況

區分	本人	配偶	
不動產			
退休金			
個人年金			
其他收益			
股票			
基金			
汽車			
合計			

2. 目前支出

區分	本人	一個月為基準（萬韓幣）	配偶	一個月為基準（萬韓幣）
貸款狀況				
管理費				
國民年金				
醫療保險				
民間保險				
通訊費				
醫療費（補牙）				
稅金（財產稅）				
車險、稅金				
餐費				
孝親費				
子女教育費				
文化活動費				

維持品味費（社交）				
本人教育費				
旅行費				
婚喪喜慶費				
健康管理費				
其他				
合計				

3.負債現況與存款

種類	發生期間	一個月存錢金額	餘款
住宅擔保貸款			
負債貸款			
汽車分期款			
存款			

存款			

4.子女結婚資金、繼承、贈予規畫

種類	時間	費用	如何進行
結婚基金			
繼承			
贈予			
其他（海外遊學費）			

檢視真實的自己的十種提問

1. 現況：一天的安排

2. 健康（包含慢性病管理、精神上的健康、體重管理）

3. 家庭成員（本人＋配偶，配偶＋子女）＋五年內預想的變化（子女大學畢業、子女獨立、子女結婚等）

4. 我作過的最好決定

5. 我人生中的轉捩點（轉換點）

6. 對現在生活滿足的內容

7. 社會的支持（宗教、同學、社會團體、家人支持）：愛、理解、鼓勵、關心、情緒上的支持、物理上的支持、忠告或諫言、提供資訊、興趣、空出時間等，用數字1∼10具體的寫出自己何時接受到了哪些支持。

8. 善長的事（幽默、讀書、開車、週末農作、拍攝影片、安排會議、服務活動等）

9.寫下五～十年後想作的事，自己有興趣的領域

10.我想成為一個〇〇（有意義的）的人

試著寫下自己的人生年代表

1期：從出生後到結婚、生產、育兒為止（範例：朴京玉製表）

年代	年紀：女性	年紀：男性	區分：時期
一九六四～一九七〇年	女性 ○～七歲	男性 ○～八歲	幼年期
一九七一～一九七七年	女性 八～十四歲	男性 九～十六歲	國小、國中期
一九七八～一九八四年	女性 十五～二十一歲	男性 十七～二十四歲	高中、大學
一九八五～一九九一年	女性 二十二～二十八歲	男性 二十五～三十二歲	進入社會
一九九二～一九九八年	女性 二十九～三十五歲	男性 三十三～四十二歲	結婚、生產

發生了什麼事？	外在世界：韓國	外在世界：世界	影響我的人
在八個兄弟姊妹中排行老么，沒電，穿著粗麻布衣服。	朴正熙政府。新村運動。	六六年中國文化大革命。六八革命。六九年阿波羅登陸月球。	媽媽：不干涉，教育方式採自由放任。
上小學，長很多瘡，頂著水罐走。	經濟開發五年計畫。南北聯合聲明。十月維新。	七五年越南戰爭結束。七二年尼克森訪問中國。	爸爸：是位守信、守約的人。
最大目標為離開鄉下生活上大學，進入大學。	全斗煥政府。亞洲運動會。	美、中邦交正常。	二哥、三哥：幫我出大學註冊費。
經濟獨立，首爾的職場生活。存五百萬韓幣的租金。	六月民主抗爭。八八奧林匹克	柏林圍牆。	朋友：一起進行興趣活動。
與三千浦的男子相親結婚，連年生了兩個兒子。	韓中建交。金日成死亡。	UR烏拉圭回合。香港回歸中國。	兩個兒子：成為父母。

當時的想法	現在的感覺	滿意度（1～10分）
姊姊們溫柔的對待我。	想不太起來	4
由我來養牛，爸爸要我作很多事。	精神上是想跟媽媽分開的時期	5
原來念書的話就有機會上大學啊。	為「自我」的生活作準備	7
薪水雖少但為了獨立而存錢。	工作、娛樂皆自由的時期	8
老公穩定的薪水，購入了第一個公寓。	終於成家	8

1女性與男性的年齡基準不同，因女性與男性在生物學上的變化不盡相同。從《黃帝內經，素問篇》（引用《東醫寶鑑，內景篇》）可知道女性的身體以七的倍數產身變化；男性身體則以八的倍數而改變，男女身體變化的時間在《黃帝內經》中提到的內容與現代人相近，所以加以引用。

2期：找尋「自我」時期（範例：朴京玉製表）

年代		一九九九～二〇〇五年	二〇〇六～二〇一二年	二〇一三～二〇一九年	二〇二〇年以後
區分／年紀		女性 三十六～四十二歲	女性 四十三～四十九歲	女性 五十～五十六歲	女性 五十七歲以後
		男性 四十三～四十八歲	男性 四十九～五十六歲	男性 五十七～六十四歲	男性 六十五歲以後
時期		子女教育	找尋自我	自我省察	自我成熟
發生了什麼事？		西班牙的四年生活。 開始存錢	荷蘭三年。 住在坪村三十八坪的公寓。 老公晉升	老公離職 我成為講師。	退休夫婦 專家、演講家、作家
外在世界	韓國	IMF時期。 盧武鉉政府。 高速鐵路	李明博政府。 蠟燭示威	朴槿惠政府。PSY、BTS進軍世界	？
	世界	美國世界貿易中心爆炸	金融危機	南北首腦會談。 北美對話	？

影響我的人	當時的想法	現在的感覺	滿意度（1～10分）
外國朋友：學習西班牙語	很適應國外生活，為了熟悉西班牙語而每天學習。	不論到哪裡都能認真生活的享受人生法。	9
大兒子：強迫他念書	煩惱自耕農作草率的投資。	不知道該如何教導進入思春期的兒子而強迫他。	9
老公：離職	開始走下坡。老公離職，我能作什麼呢？改搬到十六坪的房子。	老公離職，兩個兒子就業後經濟獨立，過著順利的生活。	8
朋友、熟人：互相幫忙	夫妻各自卻又一起往前走的人生。	超過家庭跟社會分享的時期。	？

為了了解現在的「自己」的人生年代表

（請直接填寫）

1期：從出生後到結婚、生產、育兒為止

年代	年紀（女性）	年紀（男性）	區分／時期
	女性 〇～七歲	男性 〇～八歲	幼年期
	女性 八～十四歲	男性 九～十六歲	國小、國中期
	女性 十五～二十一歲	男性 十七～二十四歲	高中、當兵時期
	女性 二十二～二十八歲	男性 二十五～三十二歲	進入社會
	女性 二十九～三十五歲	男性 三十三～四十二歲	社會活動

2期：找尋「自我」時期

年代	人生曲線		發生了什麼事？	外在世界		影響我的人	當時的想法	現在的感覺	滿意度（1～10分）
	高	低		韓國	世界				

區分／年紀	時期	人生曲線		發生了什麼事？	外在世界		影響我的人	當時的想法	現在的感覺	滿意度（1～10分）
		高	低		韓國	世界				
女性 三十六～四十二歲 男性 四十三～四十八歲	子女教育									
女性 四十三～四十九歲 男性 四十九～五十六歲	找尋自我									
女性 五十～五十六歲 男性 五十七～六十四歲	自我省察									
女性 五十七歲以後 男性 六十五歲以後	自我成熟									

為了有意義的未來而準備的檢驗課題1

1.回顧去年一整年

驕傲的事、經驗

1.

2.

3.

令人會心一笑的正面之事

1.

2.

3.

想持續進行的事

1.

2.

3.

不想重蹈覆轍的失誤

1.

2.

3.

今年想有所改變的事

1.

2.

3.

作什麼事時會令我感到充實？

1.
2.
3.

除此之外自己最擅長的是什麼？

1.
2.
3.

為了有意義的未來而準備的檢驗課題2

1.準備五～十年後

五年前選擇的事情完成了多少％？
什麼是現在不該作的？
我生命中最重要的價值是什麼？
什麼是現在該作的？
我專心後可作到的事情是？
我以後想做的事情？
想一起（互相幫忙）的人？

為了有意義的未來而準備的檢驗課題3

1. 標示出自我人生中的重要關鍵字

內心健康、身體健康、愛情、信仰、感謝
經濟獨立、成長、悠閒、學習、勇氣
歡笑、愉快、陪伴、共鳴、幸福
旅遊、閱讀、演奏樂器、繪畫、合唱
成長、多元性、探求真理、學習、熱情
幫助、照顧、饒恕、美麗、醒悟
合作、挑戰、引導、正義、教導

※對我來說其他重要的話？

享受退休後的生活！退休規劃三大領域

（範例）退休規畫大領域	時間	同伴
健康規畫：打造不去醫院看病的身體——要用自己的腳走到——歲		
1.健康的關係 配偶：感情×親密接觸 子女：保持適當距離 朋友：互相學習 實例：老公退休第五年，夫妻同心協力共同成長		
2.健康的內心 調節憤怒：將心比心 一生期望：有活力的人生 自誇：自我自信心up！		
3.健康的身體 把握每天／節制飲食／無論到哪裡都成為主角		

退休規畫：離職後如何生活？		
1. 我的興趣成為我的資產：與他人分享		
2. 我最擅長的事、想作的事年老後的最大資產		
3. 世界仍舊轉動：每年重新檢視（重新製作名片）		
生涯規畫：不同年紀展開不同的人生		
1.「我上了年紀」這句話不適合在八十五歲前說		
2. 好奇心是年輕的祕訣		
3. 我什麼都能：愉快過老年生活的祕訣		

健康，越了解越愉快！（與配偶一起）

可管理身體、內心的相關公共機關

地點	主要業務
衛生保健所	健康診斷：小便、大便、血液檢查、用X光檢查結核、痢疾、傷寒、傳染性皮膚疾病檢查。另外還有弱勢團體增進維持健康與增進精神健康、健康檢查、慢性疾病管理、口腔保健事業、inbody（身體質量檢測）、代謝症候群檢查、牙科醫師（須與保健所確認）
國民健康保險	健康資訊、健康資料、醫藥品資訊、健康生活
內心健康中心	成人精神健康協助事業：精神分裂、躁鬱症、憂鬱症、酒精中毒、睡眠障礙。飲食失調協助事業，內心健康演唱會，電影與談話治療
失智安心中心	與衛生保健所相關、初期失智診斷、失智客制化服務

國民體力	國家指定的公認認證機關、測量體力、評估體力、給予運動處方與認證體力的機關可幫助提升耐力、持久度、心肺持久度、柔軟度、爆發力
精神健康中心	內心健康的老年：精神健康預防教育、酒精中毒管理、預防自殺事業，也可協助針對個人的精神健康與相關諮詢
增進健康中心	主要為大學附設醫院或大型醫院所營運的健康診斷機關
健康家庭支援中心	適用於家族關係、他人關係、個人心理的諮詢，並非進行診斷治療，而是著重於因憂鬱造成與他人關係的心理恢復
＋校園講座	各種健康講座、專題、中年男子料理教室、舞蹈療法等

「我」的健康檢查表

種類	確認事項	實踐	優點
測量體重	定期檢查自我腰圍、預防肥胖	每天～一周	減少腰圍
健康檢查	每二年進行一次基本健檢，每五年進行胃、大腸內視鏡、超音波檢查，六十六歲以上定期健檢	健檢	預防大型疾病、管理慢性病
一天　餐	少量進食是健康的基礎	一天二餐	減少體重 增加自信心
檢視牙齒	每六個月檢查，治療牙齦疾病	需要洗牙、牙齦發炎時去看牙科	去三所牙科重複檢查
觀察大便	用大便來管理健康	咀嚼五次，將食物均匀咬碎	每天上大號來預防肥胖
觀察小便	多喝水，讓排出的小便能顏色清澈	每天喝二公升的水	攝取適量的鹽分

心靈學習	了解自己生氣、過度興奮、想太多、悲傷、害怕、恐懼的內心	了解並學習放下	讓情緒平穩
健康學習	了解自己的身體，減少醫療費用	參加健康相關課程	學得越多就能減少越多醫療費
與朋友交談	對話跟聊天抒發有益精神健康	聊天是治療	最好跟對方有相同的興趣
情感	對工作或對方話語的感覺和行動所出現的情緒、氣氛	承認自己有該情緒	不放大、縮小自己的情緒
思緒	面對威脅或刺激時，心理上、身體上的反應。檢查自己是否了解現況或有情緒不安	要更加細膩跟安定	不抱期待，整理環境保持乾淨整潔
醫療費	紀錄一年的費用	預估醫療費	有效的管理健康
體重增加	每六個月確認一次，可參考國民體力一〇〇的數值	鍛鍊柔軟度、爆發力、肌耐力、心肺能力	維持健康的身體年齡
每天步行	使用大眾交通工具、爬樓梯	使用地鐵、住家樓梯	日常運動
自然治療	用自然免疫力跟放鬆愉快的心情來戰勝	預防初期感冒	減少看診費、成為自己身體的主人

理解對方、建立良好關係的變化記錄表

姓名：　　年齡：　　男／女　　日期：

（建議每隔六個月就紀錄，以觀察變化，亦可照本人喜好的時間來進行）

區分	內容
對方的成長背景	
個性特徵	
對方的優點	
不期待對方的事	
常說的話	
我對那句話的感受	
對方所想要的	
兩人可一起作的事	

愛 生 活 0 5 2

老公被退休了！：從財務管理、夫妻關係、再次就業的迷惘不安趨向平緩的 49 種解決方案

오늘，남편이 퇴직했습니다

國家圖書館出版品預行編目 (CIP) 資料

老公被退休了！: 從財務管理、夫妻關係、再次就業的迷惘不安趨向平緩的 49 種解決方案 / 朴京玉著 ; 林建豪譯 . -- 初版 . --
臺北市 : 健行文化出版 : 九歌發行 , 2020.07
面； 公分 . -- (愛生活 ; 52)
ISBN 978-986-99083-0-6(平裝)

1. 退休 2. 財務管理 3. 生涯規畫 4. 生活指導

544.83 109007700

作者── 朴京玉
譯者── 林建豪
責任編輯── 曾敏英
發行人── 蔡澤蘋
出版── 健行文化出版事業有限公司
台北市 105 八德路 3 段 12 巷 57 弄 40 號
電話／ 02-25776564・傳真／ 02-25789205
郵政劃撥／ 0112295-1

九歌文學網 www.chiuko.com.tw

印刷── 晨捷印製股份有限公司
法律顧問── 龍躍天律師 ・ 蕭雄淋律師 ・ 董安丹律師
初版── 2020 年 7 月
定價── 350 元
書號── 0207052
ISBN── 978-986-99083-0-6